Margarethe Aue

Lebenserinnerungen

Aue-säätiön julkaisuja
Skrifter utgivna av Aue-Stiftelsen
Veröffentlichungen der Aue-Stiftung

48

Aue
Stiftung

Margarethe Aue,
geborene von Rascha
(1886 – 1983)

Lebenserinnerungen

Ed. Luise Liefländer-Leskinen

Helsinki 2023

Unter dem Serientitel
Aue-säätiön julkaisuja / Skrifter utgivna av Aue-Stiftelsen /
Veröffentlichungen der Aue-Stiftung
wird seit der Namensänderung des Urhebers die Schriftenreihe
Saksalaisen kulttuurin edistämissäätiön julkaisuja /
Skrifter utgivna av Stiftelsen för främjande av tysk kultur /
Veröffentlichungen der Stiftung zur Förderung deutscher Kultur
ab Stück 10 fortgesetzt.

ISBN: 978-952-7283-17-2 (Print)
ISBN: 978-952-7283-18-9 (Online)
ISSN: 1797-6154

Layout und Umschlag: Jeanette Lindblom
Druck: BoD - Books on Demand, Norderstedt, Deutschland

Margarethe Aue,

geb. v. Rascha

Lebenserinnerungen

Ed. Luise Liefländer-Leskinen

Inhalt

Margarethe Aue,

geborene von Rascha (1886 – 1983)

Einführung zu ihren Lebenserinnerungen

In diesem Büchlein werden die Memoiren von Margarethe Aue, der Mutter des Gründers der Aue - Stiftung, Theodor Aue, zum ersten Mal im Ganzen einer interessierten Öffentlichkeit zugänglich gemacht. Diese Aufgabe wurde mir ans Herz gelegt von Lieselotte Mende. Sie lebte von 1974 bis 1998 in Helsinki und lernte hier die Familie Aue kennen. In den 80er und 90er Jahren des 20. Jahrhunderts war sie auch aktive Kulturreferentin für die finnisch-deutschen Vereine in ganz Finnland. Sie wurde – wie sie mir sagte - von „Fedja" (Theodor Aue) darum gebeten, sich ein paar Stunden am Tag mit der Schreibmaschine zu Margarethe Aue zu setzen und aufzuschreiben, was diese ihr als Lebenserinnerungen erzählte. So entstand der Hauptteil der Memoiren, der mit dem Jahre 1914 beginnt. Er wurde später noch um einen zweiten Teil betreffend die Genealogie und Herkunft der Aues und von Raschas ergänzt. Zu Theodor Aue und seiner Familie hat bereits Robert Schweitzer einen Überblick verfasst („Deutscher aus Russland und finnischer Europäer, Theodor Aue: Familie – Leben – Vermächtnis." Helsinki 2000, Veröffentlichungen der Aue – Stiftung 10).

Hier geht es um die Autobiografie Margarethe Aues und es wird damit besonders die weibliche Seite, die Sicht einer gebildeten Frau, die schon zu Anfang des 19.Jahrhunderts als deutschsprachige Lehrerin in Moskau tätig war, dargestellt. Sie wurde 1886 in Majorenhof bei Riga geboren als Tochter des Fabrikanten Theodor von Rascha und seiner Frau Sophie, geb. Zwerner. Sie hatte eine vier Jahre ältere Schwester, Ellinor. Als Margarethe neun Jahre alt war – im Jahre 1895 – zog die Familie zurück nach Moskau, wo der Vater viele Verbindungen von früher hatte. Margarethe und ihre Schwester Ellinor besuchten dort ein deutschsprachiges Mädchengymnasium und haben schon früh angefangen, jüngere Schüler selbst zu unterrichten und so dazu zu verdienen. Margarethe unterrichtete nach ihrem Abschluss an der eigenen Schule weiter als Vorschullehrerin, gab Privatstunden und besuchte zusätzlich abends Kurse in Psychologie, Rechtslehre und Methodik des Rechenunterrichts. Sie interessierte sich auch für die Förderung geistig behinderter Kinder und machte dazu Fortbildungskurse. Ihre Tätigkeit als

Lehrerin endete im Jahre 1915, als sie Max Aue heiratete und mit ihm nach Turkestan zog.

Margarethe war eine Kosmopolitin schon vor ihrer Ehe, aber durch ihre Heirat hat sie auch asiatische und andere Kulturen kennengelernt. Ihr freier Blick auf die Welt, ihre Offenheit und Wertschätzung von fremden Kulturen, wie z.B. der usbekischen, kirgisischen, aber auch estnischen und lettischen und später dann finnischen, wird ganz deutlich. In Helsinki, wo die Familie Aue ab 1922 lebte, fand Margarethe Aue ein echtes Zuhause, sie war „wirklich angekommen hier" und starb nach über sechzig Jahren Leben in Finnland 1983 in Helsinki.

Eine Respektsperson, energisch, streng, gerecht, aber auch liebevoll, warmherzig, weltgewandt, interessiert und klug, so wurde mir Margarethe Aue von denen beschrieben, die sie noch persönlich erlebt haben. Sie war die Grand Dame im Hause Aue, Mutter von Theodor und Alexander Aue, Ehefrau von Max Aue (1880 – 1966). Als erfahrene Lehrerin, die seinerzeit in Moskau an einer deutschsprachigen Schule unterrichtete, nahm sie großen Anteil an der Entwicklung und unterstützte die Deutsche Schule in Helsinki auf alle nur mögliche Weise. Sie war zeitweise Mitglied im Vorstand der Schule. Auch z.B. der noch heute alljährlich veranstaltete Adventsbasar in der Deutschen Schule, bei dem Mittel zur Förderung der Schule gesammelt werden, geht auf die Aktivitäten der Familie Aue zurück. Margarethe Aue interessierte sich sehr für pädagogische Fragen, unterstützte z. B. behinderte Schüler und andere, die es nötig hatten, mit Nachhilfeunterricht in der deutschen Sprache. Ihre eigenen Söhne hatten die Deutsche Schule in den 20er und 30er Jahren besucht und das Schicksal der Schule auch in den politisch unruhigen Zeiten des zweiten Weltkriegs lag ihr sehr am Herzen.

Auch in der Deutschen Gemeinde Finnlands fand sie eine Art Heimat und war dort sehr aktiv. Besonders der Bereich der Diakonie war ihr wichtig. Wie Briefe an Margarethe Aue aus den vierziger Jahren zeigen, hat sie auch unzählige Hilfspakete nach Deutschland geschickt an bedürftige Familien, etwa wo Waisenkinder Vater oder Mutter im Krieg verloren hatten. Ebenso kümmerte sie sich in der Gemeinde in Helsinki z. B. um junge Mütter, die noch im Wochenbett waren. Eine noch heute in der Gemeinde Aktive erzählte mir, wie Margarethe Aue Anfang der 70er Jahre wenige Tage, nachdem im Hause ein Sohn geboren war, mit Apfelsinen und Kuchen vor der Tür stand und sich ereiferte, denn die Wöchnerin hatte schon zu viel Besuch und schonte sich nicht genügend ihrer Meinung nach. Diese Erzählung gibt ein lebendiges Bild von der Fürsorge Margarethe Aues. Aktiv beteiligt war sie auch am „Nähkränzchen", wie sich der allwöchentlich zusammenkommende

Frauenkreis damals noch nannte, sie unterstützte die Frauen und machte sich überhaupt auf jede denkbare Weise nützlich in der Gemeinde.

In der eigenen Familie wurde sie hochgeschätzt als sehr verehrte Mutter, deren Schicksal die Söhne berührte und interessierte – wie auch aus der Bitte Theodor Aues an Lieselotte Mende ersichtlich.

Ohne weitere Erläuterungen soll nun jedoch die Protagonistin selbst zu Wort kommen und ihre Erlebnisse berichten. Ihre farbigen Erinnerungen geben zugleich ein Bild von der unerschrockenen und zupackenden jungen Frau, die vom Beginn des ersten Weltkriegs mit ihrer Mutter in Karlsbad (Karlovy Vary), im Kaisertum Österreich, überrascht wurde und von dort aus eiligst „nach Hause“, d.h. über Riga nach Moskau fuhr. Sie folgte 1915 schließlich ihrem Verlobten, Max Aue, nach Kokand (Usbekistan), um dann wiederum 1921 mit ihrer Familie in einem umgebauten Viehwaggon nach Estland zu fliehen. Nach der Ankunft in Narva ging es weiter nach Reval (Tallinn) und letztendlich über die Ostsee nach Helsinki, wo Margarethe Aue schließlich ihr Zuhause fand.

Die Zwischentitel in Margarethe Aues Erinnerungen wurden von der Herausgeberin eingefügt, um den Text leichter lesbar zu machen.

Der Aue - Stiftung möchte ich herzlich danken für das Stipendium und die Aufnahme dieser Publikation in ihre Reihe, Doz.Dr. Marjaliisa Hentilä danke ich für ihre wertvollen Kommentare und ihre Unterstützung. Johanna Hovilainen hat dieses Projekt von Anfang an begleitet und mir beim Auffinden der Bilder geholfen. Vielen Dank auch ihr, sowie Jeanette Lindblom, die für Layout und Umschlag des Buches verantwortlich war.

Savonlinna, im August 2023

Luise Liefländer-Leskinen

Margarethe Aue, geborene von Rascha (1886 – 1983)

Lebenserinnerungen

Ich will nun versuchen, meine Lebenserinnerungen zu erzählen, und zwar den Teil, der mit dem ersten Weltkrieg beginnt, im August 1914.

Das war vor 63 Jahren.

Im Sommer 1914 war ich mit meiner Mutter in Karlsbad in Österreich, wo sie eine Kur für ihre Leber brauchte.

An einem Sonntag, als in Karlsbad ein großes Rennen stattfand, verbreitete sich das Gerücht, dass der Kronprinz Ferdinand in Sarajevo ermordet worden sei. Das Rennen wurde abgebrochen, alle Fürstlichkeiten, Minister und hohen Beamten wurden nach Wien berufen und die Stimmung wurde unruhig.

Sehr bald schon sah man in den Straßen Umzüge von Leuten mit dem Bildnis des Kaisers, welche die Nationalhymne sangen.

Von Moskau nach Turkestan

Wir sollten nach einem kurzen Aufenthalt in Deutschland nach Stettin und von dort mit dem Schiff nach Majorenhof am Rigaischen Strande, wo in dem Sommer meine Schwester aus Archangelsk mit ihren zwei kleinen Mädchen und ihrer Schwiegermutter aus Moskau weilten. Aber als wir nach Stettin kamen und auf das Schiff gingen, sagte der Kapitän, er könne nicht garantieren, dass wir nach Riga kämen. Wir müssten vielleicht lange in schwedischen Gewässern kreisen. Wir entschlossen uns, per Bahn nach Riga zu fahren. Das war eine lange und umständliche Reise, mit vielem Umsteigen. Unterwegs kamen uns Züge mit Soldaten entgegen, die in einer gewissen Siegesstimmung, mit Gesang und Harmonika, in den Westen an die Front rollten.

Am 3. August 1914 wurde der Krieg erklärt, und unter den Sommergästen in Karlsbad verbreitete sich eine ziemliche Panikstimmung, denn die meisten waren aus Petersburg und Moskau und mussten zurück zu ihrer Arbeit. Auch wir mussten ja zurück, meine Schwester nach Hause nach Archangelsk und ich zu meiner Arbeit in der Schule nach Moskau. Nach einer recht abenteuerlichen Reise mit vielen unangenehmen Zwischenfällen kamen wir schließlich doch nach Moskau.

Leider mussten wir bald feststellen, dass die Karlsbader Kur unserer Mutter nicht so geholfen hatte, wie wir gehofft hatten, und sie sollte nun operiert werden. In der Universitätsklinik, wo der Professor operierte, waren die meisten Plätze von Verwundeten aus den Karpaten belegt, aber es fanden sich zwei private Zimmer, von denen meine Mutter das eine bekam.

Meine Schwester kam aus Archangelsk und die Operation wurde ausgeführt. Zu unserer Freude war es nicht der Krebs, wie man befürchtet hatte, sondern es war ein bösartiger korallenförmiger Stein. Meine Schwester konnte nach Hause fahren und ich pendelte zwischen Wohnung, Schule und Krankenhaus hin und her. Das waren große Entfernungen, aber zum Glück hatte Moskau schon damals elektrische Straßenbahnen.

Unterdessen war mein zukünftiger Schwiegervater, der alte Herr Aue, gestorben und zur Beerdigung kam derjenige seiner Söhne, welcher in Turkestan lebte und arbeitete, nach Moskau. Eine seiner Schwestern, Christine, war Klassenkameradin und Freundin meiner Schwester. Der Turkestaner Bruder Max und ich kannten uns darum schon längst. Nach der Beerdigung fuhr Max Aue nach Wologda im Norden, wo sein Chef, Direktor Simunek, Vertreter der tschechischen Maschinenfabrik Skodawerke, als Zivilgefangener interniert war. Als er dann aus Wologda nach Moskau zurückkehrte, verlobten wir uns. Dann fuhr Max Aue zurück nach Turkestan, wo er die Firma Simunek, Maschinen für die Baumwollindustrie, leitete.

Meine Mutter erholte sich relativ schnell und hat sich dann intensiv mit den Vorbereitungen zu meiner Umsiedlung aus Europa nach Asien und meiner Aussteuer beschäftigt.

Ich konnte meiner Mutter nicht viel helfen, denn ich arbeitete bis zuletzt an der Schule. Allerdings durfte ich schon Anfang April Schluss machen. Der größte Teil unserer Möbel und Sachen wurde nach Kokand in Turkestan geschickt, ein Teil nach Archangelsk zu meiner Schwester und ein Teil kam aufs Möbellager für meine Mutter in Moskau. Davon hat sie später nichts wiedergesehen, denn alle Lager wurden nationalisiert.

Aber auch wir konnten ja nichts mitnehmen, als wir Sowjetrussland verließen. Nun, so ist es ja den meisten ergangen.

Der Möbelversand, der wirklich nicht einfach war - aus Moskau nach Zentralasien - wurde ausgezeichnet besorgt von der Firma Stupin, dem Moskauer Viktor Ek.

Ende April war alles klar. Meine Mutter begleitete mich nach Turkestan. Ich nahm Abschied von meiner lieben Schule, in der ich selbst gelernt hatte, von meinen netten Kindern und von meiner geliebten Schulvorsteherin, Fräulein Félicie Mannsbach, die zuerst meine Lehrerin gewesen war und dann nicht nur meine Vorgesetzte, sondern meine mütterliche Freundin.

Wir wurden begleitet von vielen Freunden, und als der Zug nun zu rollen begann, immer weiter und weiter nach Osten, hatte ich das deutliche Gefühl, dass das alte Leben allmählich versank und vor mir, ganz weit im Osten, ein neues, ganz unbekanntes meiner wartete.

Bevor wir nach Turkestan kommen, möchte ich doch einiges über dieses Land sagen - Geographisches und Historisches - denn wir haben oft die Erfahrung gemacht, dass wir verständnislosen Blicken begegneten, wenn wir auf die Frage, wo wir gelebt hätten, bevor wir nach Finnland kamen, antworteten: in Turkestan!

Turkestan liegt in Asien, grenzt im Westen an Russland mit dem Kaspischen Meer, im Süden an Persien und Afghanistan, im Osten an China, im Norden an Sibirien. Fläche etwa 4 Millionen Quadratkilometer. Länge von Osten nach Westen 2400 Werst (1 Werst ist mehr als 1 Kilometer). Von Süden nach Norden 1300 Werst. Zum Vergleich kann man erwähnen, dass die Strecke von Helsingfors bis Petsamo 1000 Kilometer beträgt.

Die Bevölkerung zählte zu unserer Zeit, also am Anfang dieses Jahrhunderts, etwa 4 Millionen, jetzt viel mehr. Die höchsten Gebirge der Welt, der Altai, der Tien-Schan, der Pamir (das sogenannte Dach der Welt) kommen von Süden, Osten und Norden an Turkestan heran.

Der Pik Garmo ist 7500 Meter hoch, der Fedschenko-Gletscher ist 70 km lang. Die beiden Flüsse Amu-Darja und Syr-Darja, die sich in den Aralsee ergießen, sind so lang wie die längsten Flüsse Europas. Das Land ist ungeheuer reich an Bodenschätzen: Erdöl, Kohle, Eisenerz, Gold, Uranerz. Weizen und Reis wird in großen Mengen angebaut, Obst aller Art gezogen, Seidenraupenzucht betrieben. Vor allem aber wird Baumwolle angebaut - das weiße Gold Turkestans. Schon vor dem ersten Weltkrieg wurde die ägyptische Baumwolle mit langer Faser erfolgreich angebaut.

Die beste Baumwolle wächst im Ferghanatal, in dem Teil der Usbekistan heißt. Es gibt nämlich offiziell kein Turkestan mehr. Es ist aufgeteilt nach Nationalitäten in Usbekistan mit der Hauptstadt Taschkent, Tadjikistan mit der Hauptstadt Dushanbe, Kirgisistan mit der Hauptstadt Frunse, Kasachstan mit der Hauptstadt Alma-Ata und Turkmenistan mit der Hauptstadt Aschgabad.

Die Bevölkerung besteht aus Turku-Mongolischen Stämmen, nicht zu verwechseln mit den Türken in der Türkei. Sie sprechen verschiedene Sprachen: Usbekisch, Tadschikisch (verwandt mit Persisch), Kirgisisch, Kasachisch. Die Usbeken gehören zur Turko-Tatarischen Sprachgruppe, die Tadschiken dagegen zur iranischen Gruppe der indoeuropäischen Völker. Sie sind die Urbevölkerung des Landes, welches von den Usbeken erobert wurde. (Kasachen nicht zu verwechseln mit den Kosaken, welche Russisch, resp. Ukrainisch sprechen.) Es gibt jetzt sehr gute kirgisische und kasachische Schriftsteller. Ich habe mehrere Bücher in der Übersetzung gelesen.

Die ganze Bevölkerung ist mohammedanisch, darum kommt auch kein Trunk vor, denn der Koran verbietet Alkohol. Jetzt gibt es allerdings viele, die den Koran nicht anerkennen, wahrscheinlich wird jetzt auch getrunken.

Die ersten historischen Daten über Turkestan stammen aus dem fünften Jahrhundert vor Christi, als der persische König Cyrus Turkestan erobert hatte. Er lebte 550-529 vor Christi. Auch unter Darius I Gistasp war Turkestan noch unter persischer Herrschaft und zahlte ungeheure Steuern an die persischen Herrscher. Im dritten Jahrhundert vor Christi kam Alexander der Große nach Turkestan, eroberte es, machte Samarkand zu seiner Hauptstadt und nahm sich dort seine Frau Roxane. Alexander blieb nicht lange in Samarkand, sondern zog mit seinen Heerscharen weiter nach Indien, das er erobern wollte, aber von dort kehrte er nicht zurück - er kam dort um. Das Reich zerfiel. Da das Land so reich war, wurde es immer wieder überrannt, zerstört, geplündert. Im siebenten Jahrhundert nach Christi kamen die Araber, die den Islam einführten. Dann kamen die Mongolen, deren Herrschaft sehr grausam war, aber den Islam ließen sie bestehen. Dschingis-Khan (1155-1227 nach Christi) eroberte ein Riesenreich mit seinen Nomadenreitern.

Tamerlan, oder eigentlich Timur-Leng, das heißt der Lahme, (1336-1405) herrschte zeitweise über ein Reich, welches von Indien fast bis Moskau reichte. Aus der Geschichte ist ja die Periode des sogenannten Tatarischen Joches bekannt, welches Jahrhunderte dauerte. Timur-Leng war sehr grausam, aber ein guter Organisator, und die Hauptstadt Samarkand hat er mit Bauten geschmückt, die teilweise auch heute noch stehen.

In der zweiten Hälfte des neunzehnten Jahrhunderts wurde Turkestan endgültig von Russland erobert, aber es war ein sehr langer, schwerer und erbitterter Kampf. General Skobelev, der die endgültige Eroberung leitete, bekam ein Denkmal, welches vor dem Palast des Generalgouverneurs in Moskau stand; die Sowjetregierung hat es entfernt und durch die Statue des Fürsten Dolgoruki, des Gründers von Moskau, ersetzt. Der erste Generalgouverneur von Turkestan war General Kaufmann, ein hervorragender Leiter und Administrator. Die Dichte der Bevölkerung im Ferghanatal kommt an die Dichte der Bevölkerung in Belgien heran.

Nachdem ich Ihnen dieses erzählt habe, wollen wir zurückkehren zu meiner Reise. Unsere Reise ging von Moskau über Rjasan, Samara (jetzt Kuibyshev), Orenburg, Uralsk, Perowsk, Aktjubinsk, Kazalinsk, Aralsee, Taschkent.

Vor Taschkent fuhren wir durch Kasachstan, welches größtenteils aus Wüste besteht. Da wir April hatten, war die Wüste noch nicht ganz ausgebrannt und die grünen Grasflächen in den Oasen waren übersät von rotem Mohn. Der Himmel war tiefblau und die Luft von einer besonderen Klarheit. Hin und wieder zeichnete sich am Horizont eine Kamelkarawane ab, die langsam über die vom Wind gebildeten Sandwellen hin schritt.

Kurz vor Taschkent sah ich meinen ersten betenden Moslem.

Es war früh am Morgen in der Nähe einer Station, an welcher unser Zug hielt. Der Mann stieg vom Pferde, breitete seinen Betteppich aus, nahm die Schuhe ab, kniete nieder und versank im Gebet.

In Taschkent kamen wir wohl am 28. April an. Unsere Reise hatte fünf Nächte und vier Tage gedauert, im damaligen Schnellzug. Unsere Hochzeit sollte am 30. April stattfinden. Es gab eine evangelische Kirche in Taschkent und wir wurden von einem deutschen Pastor getraut; er war aber nicht Reichsdeutscher, sondern Balte.

Ich muss gestehen, dass ich von seiner Predigt nicht viel erfasste, denn ich war so fasziniert von den Schwalben, die um den Altar kreisten, und von dem Rosenteppich, der von der Eingangstür bis zum Altar führte. In Taschkent stehen die Rosen im April in voller Blüte. Nach der Trauung wurde im Hause jüdischer Freunde meines Mannes gefeiert (sie waren aber getauft), mit viel Erdbeeren, die im April schon reif sind in Turkestan, und mit viel Champagner, der in Turkestan hergestellt wird, weil die verschiedensten Sorten Weintrauben dort reifen.

Von den Gästen kannte ich, außer meiner Mutter, nur den Geschäftsteilhaber meines Mannes, Herrn Percy Hahr, gebürtig aus Riga. Außer der Firma Simunek, welche Maschinen für die Baumwollindustrie führte, und welche mein Mann leitete, bestand noch eine zweite Firma, Hahr & Co., welche alle Reserveteile für die Baumwollmaschinen führte, und in dieser waren mein Mann und Herr Hahr Teilhaber. Herr Hahr hatte außerdem ein elektrisches Werk ins Leben gerufen und eine kleine Fabrik für künstliches Eis gegründet. Aber wegen der Schulung seiner fünf Kinder war die Familie nach Moskau umgesiedelt, und mein Mann leitete die Firma Hahr & Co. selbständig. Herr Hahr kam zweimal jährlich aus Moskau, gewöhnlich zusammen mit seiner Frau - die wir sehr verehrten und liebten - um Einblick in die Geschäfte zu gewinnen. Diese Familie stand meinem Mann immer besonders nahe, und er hat an der Entwicklung der Kinder regen Anteil genommen.

Am Abend des 30. April traten wir unsere Hochzeitsreise nach Samarkand an, ungefähr 12 Stunden von Taschkent entfernt.

Und diese Reise war für mich eine Art "Tausend und eine Nacht".

In Turkestan ist der Himmel etwa 8 Monate immer blau. Es regnet niemals, es gewittert niemals, und es ist heiß, sehr heiß, und zwar ist die Hitze feucht, obwohl es nicht regnet. Aber von den hohen Bergen kommt das Schneewasser, welches durch Kanäle, die sogenannten „Aryki", geleitet wird. Diese Kanäle laufen nicht nur an allen Feldern, sondern auch an allen Straßen in den Städten entlang. Je heißer es ist, desto mehr Wasser kommt von den Bergen und desto feuchter ist die Hitze. Zu unserer Zeit hatten die Männer („Aksakaly"), welche die Bewässerung überwachten, einen schweren Stand, denn alle Landbesitzer, Bauern, Obstzüchter usw. mussten ja ihr Land unter Wasser setzen, etwa 2-3-mal während des Wachstums. Davon hing die ganze Ernte ab. Der betreffende Kanal wurde an der einen Seite zugegraben und an der anderen Seite geöffnet, dann floss das Wasser dorthin. Es gab oft Mord und Totschlag des Wassers wegen. Aber zurück zu Samarkand. Eines der am besten erhaltenen Gebäude ist das Grabmal von Tamerlan, dessen Kuppel noch reich verziert ist mit den türkisblauen Platten, welche mehr oder weniger zahlreich an allen Gebäuden aus jener Zeit zu sehen sind. Unten im Erdgeschoss steht der Sarkophag von Tamerlan, bestehend aus einem einzigen großen schwarzen Jade (Nephrit). Dieser Jade soll als Ganzes aus Indien nach Samarkand transportiert worden sein.

In derselben Grabkammer stehen auch die Särge von Tamerlans Sohn und von seinem Enkel, Ulug Bek, der ein bedeutender Gelehrter und Astronom war, er hatte ein Observatorium erbaut, welches man nach Jahrhunderten ausgegraben hat. Ulug Bek wurde von seinem eigenen Sohn getötet, und zwar durch einen Messerstich in den Hals. Als man nach Jahrhunderten die Särge öffnete und die balsamierten Leichen kontrollierte, fand man an Ulug Beks Halse tatsächlich die Narbe, auch fand man, dass Timur-Leng tatsächlich ein kürzeres Bein hatte. An der Tür der Grabkammer stehen folgende Worte: "Würde ich leben, so würde die Welt vor mir zittern!"

Tamerlans Grabmal ist nicht das einzige Gebäude dieser Art in Samarkand, es gibt dort den berühmten Registan, das ist ein großer Platz, der von drei Seiten umgeben ist von Moscheen, von denen die eine eine Medresse ist, d.h. ein Seminar, in welchem Studenten den Koran studieren und zu Mullahs ausgebildet werden.

Die Moscheen hießen: Schir-Dor (Löwen-Moschee), Tili-Kari und Ulug Bek, nach dem Namen des Enkels von Tamerlan. Alle diese Moscheen sind in dem maurischen Stil der Araber erbaut und reich verziert mit den glasierten türkisblauen Platten. Der Islam verbietet die Darstellung von Menschen und Tieren. Ich habe nur an der Schir-Dor-Moschee zwei

Hochzeit 1915

In Kokand 1916

Margarethe und Max Aue mit Sohn Theodor 1917

Familie Aue 1920

Löwen dargestellt gesehen, sonst sind es immer geometrische Motive und stilisierte Blumen und Ranken.

Auf dem Registan, dem großen Platz zwischen den Moscheen, sahen wir einen Märchen-Erzähler, umgeben von einer Menge interessierter Zuhörer in Hockstellung, natürlich nur Männer. Frauen durften sich damals nicht zeigen. Auf der Straße trugen sie einen mantelartigen Überwurf mit einem schwarzen, aus Rosshaar geflochtenen Schleier vor dem Gesicht. Wenn sie von ihrem Vater an ihren zukünftigen Mann verkauft wurden, für so und so viel Reis, Mehl, Schafe, so durfte der Mann seine Zukünftige vor der Eheschließung nicht sehen.

Die Befreiung der Frau in Turkestan durch die Sowjetregierung war eine Tat von ganz großer Bedeutung. Jetzt tragen sie nicht nur ihr Gesicht offen, sondern sie lernen und studieren und wenn sie begabt sind, können sie alles werden. Es gibt zahlreiche Schauspielerinnen, Tänzerinnen, Beamtinnen und im Jahre 1973 haben meine Söhne sogar einen weiblichen Dirigenten erlebt.

Weitere interessante Gebäude in Samarkand: Bibi-Chanum, ein Grabmal, welches Tamerlan seiner Lieblingsfrau, der Tochter eines chinesischen Kaisers, hat errichten lassen.

Aber die Bibi-Chanum ist ziemlich stark zerstört. In viel besserem Zustande befindet sich die Schach-Sindé, ein ganzer Komplex von Heiligtümern. Dort sahen wir etwas sehr Interessantes: von einer recht hohen Treppe kam ein Zug von Derwischen (Bettelmönchen) in langsamem Tanzschritt und einförmig singend herunter, und zwar in Trance-Zustand, ganz entrückt.

In Samarkand wurden wir zu Bekannten meines Mannes eingeladen. Dort lernte ich den Bruder der Dame des Hauses, den Maler Buré kennen. Er malte nur in Turkestan. Er führte uns in sein Atelier, wo er verschiedene fertige Bilder hatte. Eines von ihnen machte großen Eindruck auf mich, einen recht grausigen Eindruck.

Es stellte eine öffentliche Hinrichtung auf dem Marktplatz in der Stadt Buchara dar. Die Gefangenen knieten mit auf den Rücken gebundenen Händen und warteten auf den Schwertstreich des Henkers, der ihren Kopf vom Rumpf trennen sollte. Und das zu unserer Zeit, Anfang des zwanzigsten Jahrhunderts. Der Emir von Buchara war ja unbeschränkter Herrscher in seinem Emirat, bis auf die Außenpolitik natürlich, und die Kaiser von Russland ließen ihn gelten als solchen. Aber die Sowjetregierung erklärte ihm den Kampf, und dieser Kampf war lang und erbittert. Der Emir floh nach Afghanistan und versuchte von dort aus sein Emirat zurückzuerobern, aber er wurde endgültig besiegt und Buchara eingegliedert in das Sowjetreich.

Nach diesen Tagen in Samarkand reisten wir weiter nach Osten, in die Stadt Kokand im Ferghana-Tal, dem Zentrum der Baumwollzucht.

Kokand als neue Heimat

Kokand hatte noch einen Palast, in welchem der Khan von Kokand gelebt und regiert hatte, vom Anfang des neunzehnten Jahrhunderts bis zur endgültigen Eroberung Turkestans durch die Russen im Jahre 1865. Seitdem stand er leer, der Palast. Diese Stadt wurde nun meine neue Heimat. Unsere Wohnung war eines der fünf Häuser von Herrn Hahr. Es war gebaut wie die sogenannten "radhus" hier in Finnland. Unten hatten wir ein großes Esszimmer, Badezimmer und ein Zimmer für die Hausangestellte, oben ein großes Schlafzimmer, ein Kabinett und einen Balkon.

Es war heiß geworden, sehr heiß. Ein kleines Beispiel:

In der Nacht hatten wir in unserem Schlafzimmer 23 - 26 Grad, aber nicht Celsius, sondern Reaumur, und 26 Grad Reaumur entsprechen 30 Grad Celsius. Wir hatten neben unseren Betten immer einen Ventilator stehen, der leise surrte, und außer diesem nächtlichen Geräusch sind mir noch zwei andere nächtliche Geräusche in der Erinnerung sehr lebendig: das Singen und Pfeifen der Pirole und das Trillern der Frösche, welche in einem Tümpel, nicht weit von unserem Hause, lebten. Das sind besondere Frösche: wenn sie trillern, bewegt sich in ihrer Kehle eine Blase hin und her.

Nun, meine Mutter war ja in Taschkent geblieben, als wir nach Samarkand fuhren, jetzt wurde sie abgeholt und bei dem Buchhalter der Firma, dessen Frau sich sehr nett um sie bemühte, eingemietet. Es wurde immer heißer und meine Mutter reiste bald, wie geplant, zu meiner Schwester. Diese hatte für den Sommer 1915 in dem Dorfe Ljawlja, in der Nähe von Archangelsk, wo sie ja lebte, am Ufer der nördlichen Düna ein Sommerhäuschen gemietet. Dorthin fuhr nun meine Mutter. Man stelle sich diese Reise vor: erst fünf Tage und vier Nächte von Kokand nach Moskau (bei der Hitze), dann eine kurze Pause in Moskau und dann noch zwei Tage und Nächte bis Archangelsk nach Norden. Aber sie hat es geschafft.

Mein Mann machte es möglich, sich für ein paar Wochen freizumachen und wir fuhren noch weiter nach Osten in die Berge.

Das Ziel unserer Reise hieß Arslan-Bob, nordwestlich von Kokand. Wir fuhren erst mit der Bahn bis Andischan, dem Endpunkt der Turkestaner Bahn. Dort hatte die Firma eine Filiale.

Im Jahre 1904 war diese Stadt ganz zerstört worden durch ein Erdbeben.

Damals wurde allerhand veranstaltet zum Besten der Opfer dieses Erdbebens und auch wir, d.h. mein zukünftiger Mann, seine Schwester, ich und meine Schwester, wirkten mit in einer solchen Theatervorstellung.

Wir übernachteten in Andischan und fuhren am nächsten Morgen per Achse weiter in die Berge. Die Entfernung Andischan - Arslan-Bob betrug nicht viel mehr als 25 Werst (eine Werst ist bedeutend mehr als ein Kilometer) und mit einem Auto würde man heute die Strecke trotz der starken Steigung in einem halben Tage überwinden. Aber die Pferde wurden so müde durch die Steigung und die Hitze, dass sie mehrmals ausruhen mussten.

Auch waren wir gezwungen, in einem „Kischlak“ (Dorf) zu übernachten, und zwar in einer Tschai-Chana (Teehaus). Unten saßen die Männer mit Samowar und grünem Tee, wir aber kletterten eine Leiter hinauf in einen offenen Raum. Auf dem Lehmfußboden waren dicke, wattierte Decken ausgebreitet. Auf denen schliefen wir und guckten durch die Türöffnung in den dunklen südlichen Sternenhimmel.

Am nächsten Morgen ging es weiter, immer höher hinauf.

Die Gegend wandelte sich und wurde immer schöner.

Auf halber Höhe gab es sandige Abhänge mit zahlreichen Pistaziensträuchern, an denen die kleinen, sehr wohlschmeckenden, innen grünen Pistaziennüsse wuchsen.

Die wurden abgelöst von großen, wunderbaren Walnussbäumen und anderen Bäumen der verschiedensten Sorten.

Mein Mann kaufte unterwegs ein Pferd und mietete einen Kirgisen als Koch. Das war notwendig, denn da oben gab es ja keinerlei Verkaufsstellen und der Kirgise musste in die Dörfer reiten und Brot, Milch, Eier, Schaffleisch usw. kaufen. Wir hatten Tee, Kaffee, Graupen, Zucker usw. mit uns, auch einiges Geschirr. Eine Kirgisen-Familie brachte auf einem Ochsen ein großes Kirgisen-Zelt herbei, welches unter einem riesigen Walnussbaum von den Kirgisinnen aufgestellt wurde.

Die Männer sahen zu. Diese Zelte sind sehr zweckmäßig konstruiert: ein großes Holzgestell, das sich auseinander - und zusammenschieben lässt, so dass man es zusammenrollen kann. Es wird kreisförmig aufgestellt und mit Koschma bedeckt. Koschma ist ein Filz, der von den Kirgisen aus Schafwolle und Pferdehaar hergestellt wird, in breiten Bahnen. Das Dach ist konisch, geht spitz zu und wird auch bedeckt mit einer Bahn, die sich öffnen und schließen lässt mit einem geflochtenen Seil. Es war wunderschön mit offenem Dach zu schlafen und in den sternenbesäten dunklen südlichen Himmel zu schauen.

Der Himmel ist ja im Süden viel dunkler als bei uns, darum sieht man so zahlreiche Sterne.

Dank der üppigen Vegetation gab es viele Bienen, darum auch viele russische Imker. Einer von ihnen stellte uns unter einen zweiten Walnussbaum einen richtigen Herd mit Kochplatten auf, und auf diesem kochte der Kirgise unsere Mahlzeiten.

Die Imker hatten auch Sommerhäuser gebaut und eines von ihnen hatten unsere Bekannten aus Kokand, Siegels, gemietet.

Herr Siegel war Österreicher, verheiratet mit einer Russin, Direktor einer großen Ölfabrik und auch Vorsitzender der Kokander Baumwollbörse. Er war ein großer Naturfreund und verschwand oft für mehrere Tage mit Zelt und berittenem Begleiter zum Jagen und Fischen in die Berge.

Ich hatte früher niemals geritten, aber nun wurde ich aufs Pferd gesetzt, natürlich Herrensattel, und musste reiten:

Trab, Galopp, Übergang von einem zum andern, und das machte mir riesigen Spaß. Mein Mann hatte ein zweites Pferd gekauft und wir machten herrliche Ausflüge zu Pferde. Die kirgisischen Pferde sind sehr geschickt im Klettern und sehr vorsichtig, man kann sich ihnen ruhig anvertrauen. Die Natur war wundervoll, es gab Wiesen mit hohen weißen Malven besät, es gab Quellen mit kristallklarem Wasser und zahlreiche Gebirgsbäche, und hoch oben im blauen Himmel kreisten die Adler.

Einmal machten wir zu dritt mit Frau Siegel einen Besuch in einem Kirgisen-Lager. Wir wurden natürlich gleich bewirtet mit grünem Tee, Lepioschki, Melonen und Rosinen - von den Männern, denn die Frauen durften nicht dabei sein. Aber die Kirgisinnen tragen ihr Gesicht offen und auf dem Kopfe einen weißen Turban gegen die Sonne. Aber da oben ist die Hitze nicht drückend.

Einmal übernachteten wir auf einem Heuschober bei einem russischen Imker, und das war ganz wundervoll: die herrliche Luft, der dunkle Sternenhimmel und die Stille, nur hin und wieder unterbrochen von einem Nachtvogel. Als unser Aufenthalt zu Ende ging, kamen wieder die Kirgisen mit dem Ochsen, und wiederum waren es die Frauen, welche das Zelt kunstgerecht auseinandernahmen und es zusammenlegten, und dann luden die Männer es auf den Ochsen und brachten es fort.

Als wir aus der herrlichen Bergwelt wieder nach unten, immer tiefer nach unten, in die dumpfe Luft im Tale kamen, schien es mir zuerst, ich konnte hier nicht existieren, aber wenn man muss, dann geht es.

Am 15. August wurde mein Mann einberufen. Er und seine Brüder waren ja als deutsche Untertanen geboren, aber wenn sie das Wehrpflichtalter erreichten, gingen sie über zur russischen Untertanenschaft. Sie wurden als frühere ausländische Untertanen nicht in die aktive Armee eingereiht, sondern nach einer relativ kurzen Ausbildung in die Landwehr eingereiht.

Mein Mann sollte nun erst nach Kuschka, an die afghanische Grenze geschickt werden, aber da es in Kokand schon ein großes Lager mit vielen österreichischen Gefangenen gab, brauchte man Bewachung und auch Arbeiter für die Kanzlei. Die Deutschen wurden ja nach Sibirien geschickt. Wir bekamen später viele skorbutkranke Gefangene, die am Bau der Murmansk-Bahn gearbeitet hatten und dort durch die ausschließliche Fleischnahrung an Skorbut erkrankt waren. In Turkestan bekamen sie ausschließlich vegetarische Ernährung und wurden auch gesund. Ich hatte schon längst die Gewissheit, dass ich im März Mutter werden würde und wir beschlossen, eine größere Wohnung ohne Treppe zu mieten. Unsere neue Wohnung hatte vier große Zimmer, Badezimmer, Küche und ein Zimmer für die Hausangestellte.

Der Umzug war kein Problem, bis auf den Flügel. Wir wagten nicht die Beine und das Pedal abzuschrauben, darum wurde der Flügel von zwölf Sarten durch die Verandatür der neuen Wohnung getragen, nachdem sie den Flügel durch die staubigen Straßen geschleppt hatten, die nicht gepflastert waren. Wenn sie unterwegs sich ausruhen mussten, stellten sie den Flügel einfach in den Staub.

Wir konnten nun meiner Mutter ein eigenes Zimmer anbieten und schlugen ihr vor, zu uns zu kommen, denn in Archangelsk bei meiner Schwester konnte sie nicht bleiben und in Moskau hatte sie keine eigene Wohnung mehr. Sie kam gerne und bekam also ein eigenes Zimmer.

Im Westen an der Front ging es nicht gut und wir bekamen sogar nach Kokand einen großen Transport evakuierter weißrussischer Bauern mit Leiterwagen, Kühen und Pferden. Es wurden ihnen einige Straßen und Häuser angewiesen. Als man ihnen den Vorwurf machte, sie verunreinigten unsere Straßen und vor allen Dingen die Kanäle, sagten sie: “Was gehen uns eure Straßen an, wenn wir keine Häuser mehr haben”. Eine sehr verständliche Flüchtlingsmentalität.

Der wohlhabende Teil der Kokander Gesellschaft veranstaltete ein Fest mit Basar, zum Besten der Flüchtlinge, welches ein sehr gutes Resultat ergab.

Zu Weihnachten besuchte uns mein ältester Schwager Willi aus Moskau. Er fuhr nach Namangan, welches viel höher liegt als Kokand und kaufte eine richtige schöne Tanne, und Weihnachten und Sylvester 1915/16 feierten wir noch ganz vergnügt bei guten Freunden. Aber es wurde immer schwieriger in jeder Hinsicht, auch unsicherer und es kamen Überfälle auf Wohnungen vor.

Auch mit den Hilfskräften wurde es schwieriger, denn die Inflation ging ihren Gang und die Gehälter befriedigten nicht. Wir mussten ein extra hohes Gehalt zahlen, um nicht ohne Hilfe zu bleiben, als unser Erstling zur Welt kommen sollte.

Eine Frauenklinik kam nicht in Frage, das wurde zu Hause abgemacht und am 14. März um 10 Uhr abends ging mein Mann die Hebamme holen. An diesem Abend tobte ein wütender "Buran".

Dieser Wind erreicht eine besondere Stärke, weil er aus einer Richtung kommt, in der er sich durch eine Bergenge durchzwängt. Der Boden in Ferghana besteht zum Teil aus dem fruchtbaren Löss, in dem die Baumwolle so gut gedeiht, und wenn der trocken ist, so bildet er einen ganz feinen Staub, der in Nase, Augen und Ohren dringt. Mein Mann musste die Hebamme kräftig stützen, damit sie gegen den Sturm ankam, aber sie kamen wohlbehalten an. Später kam auch meine Ärztin, Frau Pistol, und die beiden Frauen mussten viel Geduld aufbringen - von 10 Uhr abends am 14. März bis 18 Uhr am 15. März. Da war der sehr stattliche Weltbürger endlich da und wir waren alle froh.

Nun trat bald das Problem des Sommers an uns heran. In Turkestan ist die Sterblichkeit unter den Kindern im Sommer ganz schlimm. Sie bekommen einfach durch die Hitze schwere Darmerkrankungen, denen viele erliegen. Darum beschlossen wir, zu dritt, meine Mutter, ich und der Kleine für den Sommer nach Moskau zu fahren. Das waren nun wieder vier Tage und fünf Nächte, aber wir kamen gesund an. Aues hatten in dem Sommer eine Villa in Tsaritzino gemietet, das ist ein naturschöner Ort, nicht weit von Moskau, mit einem großen Teich und mit einem alten Palast, den Katharina die Zweite für ihren Günstling Potjomkin hatte erbauen lassen.

Eigentlich hatten Aues für uns ein Zimmer bei der Frau eines Offiziers, der an der Front war, gemietet. Aber dort gab es so viel Ungeziefer, dass wir unmöglich bleiben konnten und Aues waren so freundlich, uns ein Zimmer bei sich zur Verfügung zu stellen. Der Sommer war sehr schön und der Kleine entwickelte sich gut. Dort wurde er gegen schwarze Pocken geimpft, was damals obligatorisch war. Auch wurde er getauft, und zwar von dem reformierten Pastor. Mein Schwiegervater war katholisch, meine Schwiegermutter anglikanisch. Anglikanisch waren auch der älteste Sohn und die jüngste Tochter. Die anderen acht Geschwister waren reformiert. Zu der Taufe kam auch mein Mann aus Kokand, fuhr dann aber zurück. Als der Herbst nahte, trat ein anderes schweres Problem an mich heran. Es galt, meine Mutter so gut wie möglich zu installieren. Ich mietete ein großes, helles Zimmer bei einer guten Bekannten, sorgte für einen guten Primus-Kocher und bat die sehr liebe Tauftochter meiner Mutter, mit Mann und fünf Kindern, sich so viel wie möglich um Mama zu kümmern. Ich fuhr schweren Herzens allein mit dem Kleinen zurück nach Kokand.

Meine Schwägerin Meta versorgte mich mit Gelee aus Huhn in Gläsern für die Reise - das war notwendig, denn an den Stationen gab es damals schon nicht viel zu kaufen. Kurz vor Kokand - wer kam da in unseren Wagen? Mein Mann, der nicht die Geduld gehabt hatte, Frau und Kind zu Hause zu erwarten.

So fuhren wir dann zu dritt nach Hause.

Mein Mann bestand jetzt darauf, eine Wärterin für den Kleinen zu nehmen. Das wollte ich nun gar nicht, aber ich musste mich fügen und "Njanja" installierte sich mit dem Kleinen in Mamas Zimmer. Diese Njanja sagte später, als der Kaiser abdankte:

Wie wird denn der Körper ohne Kopf leben?

Probleme im Geschäft - Krankheiten und Krieg

Im Geschäft ging es immer schwieriger. Die Firma Simunek in Moskau bekam keine Maschinen aus der Tschechoslowakei und die Firma Simunek in Kokand bekam keine Maschinen und Maschinenteile aus Moskau. Das, was vorhanden war, wurde zu hohen Preisen verkauft. Man sprach von 2 Katalogen, 3 Kat. bis zu 10 Kat., also zehnfachen Preisen. Aber das Geld verlor immer weiter an Wert, und mein Mann beschloss, ein Haus zu kaufen. Das gelang ihm auch. Das Grundstück hatte außer dem Hause einen offenen Holzschuppen und einen Brunnen, und im Hintergrunde gab es einen Stall und eine Waschküche. Das Wohnhaus bestand aus vier Zimmern mit Küche und einer Veranda, aber ohne Badezimmer und ohne Wasserleitung. Das Grundstück lag ganz am Rande der Stadt, ganz nah vom nächsten Kischlak (Dorf). Nun sollten zwei Zimmer, ein Badezimmer mit Toilette und ein Zimmer für die Hausangestellte, sowie ein Keller und eine Vorratskammer eingebaut werden.

Das war damals ein schwieriges Unternehmen, aber es wurden die nötigen Arbeitskräfte gefunden, Zeichnungen angefertigt und die Arbeit begann.

In der politischen Entwicklung sah es böse aus. In Petersburg löste immer ein Staatsminister den anderen ab, der damalige Staatsminister Kerenski schrieb umsonst seine Aufrufe an die Front: „an Alle, Alle, Alle!" und versuchte die Soldaten davon zu überzeugen, dass ein ehrenvoller Friede erkämpft werden müsste. Die Soldaten wollten nicht kämpfen und desertierten in Mengen. In Turkestan wurde der berühmte General Kuropatkin, der damals im Fernen Osten Befehlshaber aller Truppen war, zum Generalgouverneur ernannt, anstatt des Großfürsten von kaiserlichem Geblüt. Turkestan, dieser wertvolle Bestandteil des Reiches, mit seinen vielen Nationalitäten, durfte nicht zerfallen.

Im Jahre 1917 dankte der Zar ab. Dann wurde Lenin in plombiertem Wagen von den Deutschen durchgelassen nach Russland und gründete den Rat der Arbeiter, Bauern und Soldaten. Diese Entwicklung kam dann allmählich auch nach Turkestan.

Im Frühjahr 1917 trat an uns wieder das Problem des Sommers heran. Damals war in Kokand unter den Kindern eine Epidemie ausgebrochen, und zwar Masern mit Komplikationen auf die Lungen. Wir hatten ein 14-jähriges Mädchen zur Hilfe im Haushalt, welches erkrankte und ins Krankenhaus kam. Frau Dr. Pistol sagte: Reisen Sie fort in die Berge, solange das Kind noch nicht krank ist. Das taten wir. Durch das Kontor in Andischan konnte mein Mann ein Sommerhaus in Osch mieten, einer kleinen Bergstadt, die hoch am Fuße des Pamir lag. Osch war nicht so weit von Andischan wie Arslan-Bob. Noch eine zweite Familie mit zwei größeren Mädchen fuhr mit uns. Wir mieteten wieder einen Koch, diesmal ein Tartar, und fuhren erst wieder mit der Bahn bis Andischan, dann per Achse bis Osch. In Osch hatte ein russischer Ingenieur die Wasserkraft ausgenutzt und ein elektrisches Kraftwerk angelegt. Das ganze Städtchen war mit El-Kraft versehen, sogar die Samoware in den Teehäusern wurden elektrisch aufgestellt.

Das Häuschen war natürlich auch elektrisch beleuchtet und ganz geräumig, aber ganz unmöbliert. Wir kauften uns sartische Betten, das sind einfach Rahmen auf Füssen, mit einem Geflecht aus flachen Riemen oder auch einfach Bindfaden, auf welche man wattierte Decken legt. Im Übrigen behalfen wir uns mit unseren Kisten. Unser Leben spielte sich meistens draußen im Garten ab, durch welchen ein schäumender Aryk floss, mit großen Steinen drin. Dieser Aryk diente uns als Kühlschrank.

Am zweiten Tage nach unserer Ankunft erkrankte der Kleine, und zwar sehr heftig, mit sehr hohem Fieber. Wir wandten uns an den Kommunalarzt und an einen österreichischen Arzt, aber viel konnten sie nicht tun. Mein Mann telegraphierte an unsere Frau Pistol und sie kam mit dem ersten Zuge, saß am Bett des Kleinen und gab ihm Einspritzungen, welche die Herztätigkeit anregten. Die Krise trat ein. Das Fieber fiel und der Zustand besserte sich so weit, dass die Ärztin glaubte, wegreisen zu können. Aber so wie sie fort war, am nächsten Tage, sprang die Temperatur in die Höhe.

Die beiden Ärzte gaben das Kind auf, aber mein Mann telegraphierte an

Frau Pistol auf eine große Station zwischen Andischan und Kokand, und zum Glück erreichte dieses Telegramm sie tatsächlich.

Sie kam zurück mit dem ersten Zuge in entgegengesetzter Richtung, saß wieder am Bett des Kindes, welches schon ganz gezeichnet aussah, mit spitzem Näschen und blauen Schatten um die Augen, gab ihm wieder Einspritzungen und als eine kleine Besserung eintrat, wurde es mit dem Laken in ein Senfbad gelegt, was mehrmals wiederholt wurde. Nun kam noch eine blutige Dysenterie hinzu und der Kleine bekam Backenzähne - die Zähne kommen ja oft schneller, wenn ein Kind krank ist. Ich hatte getrocknete Blaubeeren und im Garten liefen unsere jungen Hühner umher. Also Reisschleim, Blaubeersaft, Hühnerbrühe. Es war kaum zu glauben, aber mit jedem Tage ging es etwas besser, und ich kann gar nicht sagen, wie glücklich und dankbar wir waren, als unser Kind außer Gefahr war. Glücklich war auch unsere Frau Dr. Pistol.

Eine kleine Episode aus jener Zeit in Osch: Eines Tages entdeckte ich an der Wand des Zimmers, im welchem ich mit dem Kleinen schlief, einen Skorpion. Die Skorpione sind unangenehm. In Kokand erlebte ich eines Tages in einer Apotheke eine bucharische Jüdin, die von einem Skorpion gestochen worden war. Sie schrie und jammerte und der Arm war dick aufgeschwollen und rot. Für kleine Kinder ist der Skorpionstich tödlich. Der Koch stellte eine Leiter an die Wand, um mit einem Handschutz den Skorpion zu nehmen und zu vernichten.

Als wir nach Kokand kamen, war das Haus noch immer nicht fertig.

Ich bekam nun einen Brief von meiner Freundin aus Moskau. Sie schrieb: „Du kannst deine Mutter nicht mehr allein in Moskau lassen. Man muss täglich stundenlang Schlange stehen, um etwas Essbares zu bekommen, das kann sie nicht mehr!" Also baten wir Mama, nach Kokand zu kommen, was sie auch tat. Sie bekam wieder ihr eigenes Zimmer und der Kleine war nun bei uns im Schlafzimmer, womit ich sehr einverstanden war. Njanja war mit höherem Gehalt weggelockt worden, aber wir hatten das Glück gehabt, eine Estin, eine ausgezeichnete Person, als Hilfe zu bekommen.

Im Spätherbst konnten wir endlich in unser Haus umziehen, und das taten wir diesmal mit Hilfe von Österreichern, welche man aus dem Lager entlassen hatte, denn es war schwer, sie zu ernähren und sie zu bewachen. Sie sollten sich selbst ihren Lebensunterhalt verdienen. So bekamen wir unseren Jacob Reuter, einen prachtvollen deutschen Bauern von der Batschka, der Grenze zwischen Österreich und Serbien.

Der hat uns viel geholfen. Ida und Jacob Reuter versorgten unsere beiden Kühe, von denen wir die eine als junge Kuh im Dorf versteckt gehalten hatten, um nicht zwei Kühe im Hause zu haben, aber das war nicht mehr aktuell, denn es war nur gut, wenn jeder Haushalt sich selbst versorgen konnte.

Zwischen Weihnachten und Neujahr 1917/18 bekamen wir unerwartete Einquartierung. Es war der junge Pletzer aus Taschkent, in dessen Elternhaus wir unsere Hochzeit gefeiert hatten, mit seiner jungen Frau, einer sibirischen Jüdin. Er hatte einen ganz hohen Posten in der Stadtverwaltung, aber man wusste wohl, dass er kein großer Anhänger der neuen Regierung war, und traute ihm nicht. Das merkte er und er beschloss rechtzeitig zu verschwinden. So kamen sie denn zu uns und blieben über Neujahr. Dieses Sylvester 1917/18 haben wir noch ganz vergnügt gefeiert mit ihnen und anderen Freunden. Ich hatte den Eindruck, dass alle vergessen wollten, was uns umgab und was uns bevorstand und einfach fröhlich sein wollten. Die junge Frau Pletzer spielte und sang sibirische Tschastuschki (Volkslieder) und Herr Sanftleben, dessen Familie zusammen mit uns in Osch gewesen war, führte eine Polonaise an durch unsere neuen Zimmer.

Nach Neujahr reisten Pletzers weiter nach Sibirien, und wir bekamen wieder Einquartierung, aber diesmal war es dramatischer. Alle Widersacher der Sowjetregierung, welche bereit waren, für ein freies selbständiges Turkestan zu kämpfen, hatten die sogenannte Autonome Regierung gebildet und diese hatte Herrn Siegel zu ihrem Finanzminister erwählt. Er merkte nun auch bald, dass seine Stellung gefährdet war und beschloss auch zu verschwinden. Er spazierte mit seiner Frau ganz gemächlich zu uns, die Frau ging bald nach Hause, denn sie hatte ihre alten Eltern und ein großes Haus mit vielen Dienstboten. Er blieb erstmal über Nacht bei uns, aber als am nächsten Vormittag berittenes Militär vor unserem Hause erschien, verstanden wir, dass seines Bleibens hier nicht länger war. Mein Mann ging zu den Berittenen hinaus, um ihnen zu sagen, dass kein Siegel da sei, und dieser verschwand durch die Küche, über Nachbargrundstücke zu Bekannten.

Aber Angestellte aus seiner Firma kamen zu ihm und sagten ihm, er müsse fort, man suche ihn. Man beförderte ihn nach Namangan, wo seine Firma eine Filiale hatte und von dort wurde er, versehen mit einem falschen Pass und einer österreichischen Uniform, weiterbefördert nach Westen. Er gelangte irgendwie nach Kiew, wo er schrecklich gehungert hat, dann schließlich nach Moskau. Seine Frau musste auch fort, denn sie war ja die Frau des Finanzministers der Autonomen Regierung. Sie wollte mit ihren alten Eltern (der Vater war blind) nach Moskau, wo sie einen Bruder hatte, aber unterdessen war die Bahn abgeschnitten durch die Kämpfe zwischen Roten und Weißen. Sie fuhren dann von Uralsk, bis wohin die Bahn aus Turkestan noch funktionierte, per Achse nach Norden und gelangten dann später auch irgendwie nach Moskau. Nach Beendigung des Krieges zogen Siegels nach Berlin und dort gelang es Herrn Siegel, wieder erfolgreich zu arbeiten. Er wurde sogar wieder Hausbesitzer. Aber damals standen die deutschen Finanzen unter amerikanischer Kontrolle, und als durch ein Veto des amerikanischen Kommissars Herr Siegel wieder alles verlor, machte er seinem Leben ein Ende - er erschoss sich.

Im Januar 1918 bekamen wir unseren ersten Zwangsmieter, der zum Glück ein sehr sympathischer österreichischer Offizier war. Er hieß Adam Semkiv und stammte aus der österreichischen Ukraine. Er war griechisch-orthodox, aber sogenannter Uniate - die Uniaten erkennen den Papst als Oberhaupt der Kirche an.

Dann folgte die erste Arretierung der "Burschui" - Kaufleute, Landbesitzer, Direktoren usw. Man wollte Geld haben von ihnen, viel Geld. Sie wurden nicht ins Gefängnis gesetzt, sondern in irgendeiner Behörde mit großen Räumen untergebracht und bewacht aber die Bewachung war ganz human. Viele weigerten sich erst, zu zahlen - ich glaube, das Minimum, das man zahlen musste, war 10.000 Rubel, aber dann beschlossen sie doch, sich freizukaufen, und als sie gezahlt hatten, wurden sie freigelassen und hatten fürs Erste Ruhe.

Die Wirtschaft lag ganz darnieder, denn die Bahn nach Russland war ja abgeschnitten und es gab keinen Import. Die Wirtschaft Turkestans war aufgebaut auf der Baumwolle. Es war vorteilhafter, Baumwolle zu bauen und den Weizen aus Südrussland zu importieren, aber nun, wie gesagt, gab es keinen Import, und schon im Winter, aber besonders im Frühjahr 1918 begann in Turkestan eine Hungersnot. In unserem Stadtteil organisierten die Hausbesitzer eine Fütterung der Hungernden in unserem Kischlak. Es wurde ein Riesenkessel aufgestellt, in welchem die billigeren Teile des Kuhkörpers gekocht wurden, mit Zwiebeln und Dschugara (eine Riesenhirse).

Die Dorfbewohner stellten sich auf an einem Seil entlang und dann wurden ihre Schalen gefüllt. Diese Fütterung wurde fortgesetzt, bis die süßen Aprikosen und die mehligen Maulbeeren reiften, dann blieben die Hungernden von selbst weg.

Unsere Ida, die Estin, erkrankte nun an einer heftigen Malaria.

Um ein Uhr mittags kam der schreckliche Schüttelfrost, das Fieber stieg bis über 39° und nach ein paar Stunden war es vorüber, aber Ida war dann ganz erschöpft und blass. Am nächsten Tage genau dasselbe. Ein österreichischer Arzt, ein sympathischer älterer Herr, versuchte, sie mit Chinin zu behandeln. Das ist das Einzige, was hilft, aber man muss das Chinin dem Körper dann zuführen, wenn die Larven sich verkapseln. Wenn man den richtigen Moment erwischt, hilft es. Sie wäre ja gerne weggefahren mit ihrer Freundin, aber das ging leider der Bahn wegen nicht. Viele von den Österreichern wurden ungeduldig und wollten über Afghanistan das Weite suchen. Mein Mann verschaffte sich eine große Wandkarte aus der Kommerzschule, hängte sie an der Wand auf, rief die Leute herbei und zeigte ihnen, wie unmöglich dieses Unternehmen war.

Sie hätten schwere Bergpässe überwinden müssen und außerdem durch die Wüste wandern. Ein junges Paar versuchte es, mit dem Resultat, dass man später ihre Skelette in der Wüste fand. Die afghanischen Räuber hatten sich ihre Beute nicht entgehen lassen.

Der Antagonismus zwischen den Sowjets und den Muselmännern verschärfte sich immer mehr. Die Letzteren organisierten sich und bildeten Kampftruppen, die sogenannten Basmatschi, welche alle beritten waren und in den umliegenden Bergdörfern hausten. Von dort aus machten sie ihre Überfälle und verschwanden zurück in die Berge. Dieser Kampf hat viele Jahre lang gedauert, viele Europäer schlossen sich ihnen an.

In Russland tobte der Kampf weiter an vielen Fronten: Im Westen General Judjenitsch, im Süden General Denikin, im Osten und Norden General Koltschak, dem sich Tschechen und Polen angeschlossen hatten.

In diese Zeit fiel unsere erste Haussuchung. Wir saßen gerade bei Tisch. Als ich hörte, die Leute wären gekommen, nahm ich schnell das Silber aus der Schublade im Büfett und brachte es in Idas Zimmer, und das ist uns erhalten geblieben, aber was auf dem Tisch lag, wurde mitgenommen.

Die Haussuchungen wiederholten sich dann oft. Unser Jacob Reuter und der Leopold bei unseren Nachbarn hatten sich je einen Kasten an den Zaun gestellt, und wenn die Haussuchung am Tage zu uns kam, bestieg Jacob Reuter seinen Kasten und meldete dem Leopold: “Jetzt sind sie bei uns”, und wenn sie zuerst zu Hoyers, unseren Nachbarn kamen, dann meldete Leopold von drüben dasselbe. Wenn sie aber in der Nacht kamen, dann klopfte Reuter mit hartem Finger an unsere Tür und sagte: “Herr, die Bolschewiken sind da.”

Ich wusste schon längst, dass ich im Juli 1918 zum zweiten Mal Mutter werden sollte, aber der Sommer 1918 brachte uns das Problem des Wegreisens nicht - es war so unsicher überall, man musste einfach zu Hause sitzen.

Viele gingen zur Nacht in die Reichsbank, welche von einer Mauer umgeben war. Es kamen Kämpfe in der Stadt selbst vor.

Die Armenier, welche Christen waren und sich schlecht vertrugen mit den Mohammedanern, waren schwer bewaffnet, und es kamen Zusammenstöße vor. Einmal machte ein einheimischer Haufen Bewaffneter einen tollkühnen Überfall auf den Palast des Chans, in dessen Hof die Sowjetsoldaten verlegt waren, natürlich erfolglos und mit schweren Verlusten. Ich erinnere mich, dass wir eine Nacht buchstäblich auf unseren gepackten Sachen saßen und auf ein Signal warteten, unser Heim zu verlassen und in die Reichsbank zu gehen. Wir taten es zum Glück nicht und blieben zu Hause. Viele, welche aus Kokand weggefahren waren, haben nichts mehr vorgefunden, als sie zurückkamen.

Viele Männer hatten eine Art Selbstschutz organisiert, und patrouillierten in der Nacht zu zweit ihre Straße ab. So auch mein Mann. Am Abend des 10. Juli war er gerade auf Wache und es war Reuter, welcher sich ein Pferd und Wagen verschaffte und die Hebamme holte, diesmal eine andere, und unsere Frau Dr. Pistol war nicht mehr in Kokand. Als mein Mann um ein Uhr nachts hereinkam, um zu sehen, wie es ging, war unser Schurik schon da.

Es war die heißeste Zeit des Jahres, der 11. Juli, und es war ein Glück, dass ich den Kleinen nähren konnte bis in die kühle Zeit hinein.

Die Geschäfte lagen vollkommen darnieder. Ein sehr wichtiger Artikel im Geschäft waren die sogenannten Treibriemen, die aus Amerika kamen. Alle Fabriken arbeiteten mit Treibriemen.

Der alte Herr Pletzer war schon lange aus Taschkent nach Wladiwostok übergesiedelt, wo die Sowjetregierung erst nach Jahren zu stabiler Macht gelangte. Über Wladiwostok und Japan versuchte er auch mit Amerika zu arbeiten. Durch seine Vermittlung hatte mein Mann Treibriemen aus Amerika bestellt. Ein Teil kam noch durch, aber ein Teil blieb in Amerika stecken und dieser Teil hat dann später eine große Rolle in unserem Leben gespielt, denn diese Partie wurde an Ort und Stelle verkauft und die erzielten Dollars an Christine Aue in Stockholm überwiesen. Christine war schon 1915 nach Schweden ausgewandert. Diese Dollars, die mein Mann mit seinem früheren Compagnon Percy Hahr teilte, legten den Grund zu unserer, sowohl als auch deren Existenz im Westen.

Nun wurden die Firmen Simunek und Hahr & Co. endgültig nationalisiert mit allem, was übrig war an Waren, und mein Mann entlassen. Nur die unteren Angestellten, Lagerverwalter und Kontorsdiener, wurden mit einem gewissen Gehalt im Dienst behalten.

Die Kämpfe zwischen Roten und Weißen gingen sozusagen in Wogen und im Herbst 1918 machten die Weißen einen Aufstand in Taschkent. Der wurde niedergeschlagen mit einem Massenarrest als Folge.

Ich sehe mich noch mit anderen Frauen herumgehen bei verschiedenen Behörden, um zu erfahren, wo unsere Männer waren und was man mit ihnen vorhatte. Viel erfuhren wir nicht, nur, dass sie in Taschkent im Gefängnis waren. Es vergingen bange Tage, aber ganz unerwartet kamen sie eines Tages alle zurück. Man hatte wohl eingesehen, dass man ihre Kenntnisse und Arbeitskraft brauchte. Sie waren im Gefängnis untergebracht gewesen, in einem großen, heißen Saal. Wer da wollte, durfte draußen arbeiten, und das tat mein Mann, um an der Luft zu sein, wenn es auch heiß war. Ich glaube, er sägte und hackte Holz. Ich habe bis heute ein Couvert, auf welchem steht: Geld, das ich im Gefängnis verdient habe.

Für meinen Mann galt es nun ein neues Arbeitsfeld zu finden, und zwar am liebsten eines, welches für die Verwaltung notwendig und wichtig war. Nun gab es keine Schuhe und Stiefel mehr zu kaufen. Mein Mann wusste, dass es in Samarkand Lederspezialisten gab, und zwar Deutsche. Er beschloss in Zusammenarbeit mit einem guten Bekannten, einem Schweizer, eine Ledergerberei und Stiefelfabrikation zu starten. Der Sownarchos (Wirtschaftsrat von Kokand), dessen Vorsitzender ein anständiger Mann war, gab meinem Mann Papiere an den Wirtschaftsrat von Samarkand und mein Mann fuhr nach Samarkand, um die Deutschen zu holen. Es gab damals keinen regelmäßigen Zugverkehr, man musste erfahren, wann ein Zug abgehen sollte und sich einen Platz erkämpfen. Diesmal fuhr mein Mann unter einer Bank liegend nach Samarkand. Aber er brachte die Deutschen tatsächlich mit. Es waren zwei Brüder mit ihren jungen Frauen, ihrer alten Mutter und ihrer Schwester, welche zu Hause in der deutschen Kolonie Lehrerin gewesen war. Sie hießen Ungefucht und sprachen ein Gemisch von Schwäbisch und Russisch, dass man zuerst schwer verstehen konnte, aber es waren ehrliche, fleißige und saubere Leute, mit denen der Verkehr angenehm war. Nun mussten sie untergebracht werden. Wir nahmen den jüngeren Bruder mit Frau, Mutter und Schwester zu uns. In unserem Vorzimmer wurde ein Herd aufgestellt, das junge Paar bekam unser Wohnzimmer, wo Adam Semkiw gewohnt hatte. Mutter und Schwester bekamen meiner Mutter Zimmer, diese zog ins Kinderzimmer. Mein Mann und der Mitarbeiter mieteten in unserer Nähe am Rande des Dorfes ein geeignetes Grundstück mit passenden Lehmgebäuden.

Es wurden Pferde und Wagen - die großrädrigen Arbas, welche durch tiefen Sand fahren können, gekauft, auch Häute herbeigeschafft, und die Ledergerberei und Stiefelproduktion konnte beginnen.

Die Sowjets brauchten mehr Soldaten für den Kampf gegen die Basmatschi, und es stand eine neue Mobilisation bevor. Das war nun das Schlimmste, was meinem Mann passieren konnte. Er war noch nicht demobilisiert und arbeitete täglich in der Kanzlei. Nun benutzte er die Gelegenheit, dass er gerade einen bösen Hautausschlag hatte, und ließ sich vom alten Militärarzt, der sein Vorgesetzter war, ein Zeugnis für das Krankenhaus geben. Als die Order kam, war Aue im Krankenhause. An einem Sonntag kam er heimlich zu Besuch nach Hause. Als Schurik den lange vermissten Papa sah, ließ er meine Hand los und ging seine ersten unsicheren Schritte dem Papa entgegen. Er war damals 9 Monate alt.

Der Sommer 1919 war sehr heiß. Wir mussten, wie gesagt, in Kokand bleiben und das Resultat war, dass Schurik erkrankte an der üblichen Sommerdarmkrankheit. Ein kleiner Sohn von Bekannten, genau so alt wie Schurik, der gleichzeitig erkrankte, starb. Unser Schurik blieb am Leben. Der österreichische Arzt, welcher Ida kuriert hatte, behandelte auch ihn, und der Kleine genas allmählich, war aber blass wie Schreibpapier, und das blieb er eigentlich, bis wir in den Westen kamen. Wieder hatten wir Ursache, glücklich und dankbar zu sein, dass unser Kind uns erhalten blieb. Nicht weniger glücklich war meine Mutter, deren ganzer Lebensinhalt sich jetzt in dem Kinde konzentrierte.

Im Herbst 1919 wurde bei Ungefuchts ein Kind geboren, und zwei Monate später kam der Pastor aus Taschkent. Er traute zwei Paare Ungefucht, er taufte deren und auch andere Kinder, und er taufte auch unseren Schurik. Unser Täufling ging an meiner Hand dem Pastor entgegen.

In diesem Herbst 1919 waren die Kämpfe der Sowjets gegen die inneren Feinde an den verschiedenen Fronten mehr oder weniger beendet und die Bahnlinie nach Russland wurde wiederhergestellt. Nun bekamen wir seit Jahren die ersten Nachrichten aus Moskau und Archangelsk.

Wir erfuhren, dass ein Bruder meines Mannes gestorben war. Er war Maschineningenieur und während des Krieges in der Waffenindustrie beschäftigt gewesen. Er hatte sehr angestrengt gearbeitet, dabei gehungert, mit dem Resultat, dass er die sogenannte galoppierende Schwindsucht bekam und starb. Es war ein sehr schwerer Kummer für die ganze Familie. Seine Witwe, deren Vater Schweizer war, ging mit ihren drei Kindern in die Schweiz und die Kinder sind als Schweizer aufgewachsen. Der älteste Sohn sagte später: „Papa hat uns durch seinen Tod gerettet", und das stimmte.

Herausforderungen des Alltags in Kriegsjahren

Nun konnten sowohl Ida als Reuter uns verlassen. Ida und ihre Freundin haben sich der Familie Aue gegenüber außerordentlich nett benommen: Sie tauschten irgendwo unterwegs Turkestaner Produkte gegen eine halbe Gans ein und brachten diese der Familie Aue in Moskau mit. Ein noch viel wertvolleres Geschenk bekamen sie von Jakob Reuter: ein großes Gefäß mit Butter. Die hatte mein Mann gegen sein Gewehr eingetauscht, Waffen mussten abgeliefert werden, auf heimlichen Besitz von Waffen stand Todesstrafe. Wir hatten hinten auf dem Hof eine Waschküche, deren Dach über die Lehmmauer des Nachbargrundstückes hinüberhing. Dort auf der Mauer hatte das Gewehr lange gelegen und konnte nun gegen Butter eingetauscht werden bei den Einheimischen, welche Bewaffnung brauchten.

Nun hatten wir im Haushalt keine andere Hilfe als einen 16-jährigen Sarten-Jungen, Ulmas, der ehrlich und sauber war, aber natürlich nur die gröberen Arbeiten ausführen konnte. Das Melken der Kühe musste ich jetzt übernehmen. Das war nicht so ganz einfach, denn die junge Kuh, welche als Kalb im Dorf versteckt gewesen war, hatte durch die schlechte Behandlung im Dorf gelitten und war böse geworden. Wenn ich sie melken wollte, band Ulmas ihr erst den Schwanz an ein Hinterbein, dann band er die Hörner an die Krippe und setzte sich mit einem Stecken in der Hand vor sie hin, dann konnte ich melken. Trotzdem geriet sie manchmal mit einem Hinterbein in den Milcheimer.

Im Herbst 1919 wurde auch Koltschak endgültig besiegt, und ein Teil der Truppen kam mit der Turkestan-Sibirien-Bahn nach Turkestan, wo der Kampf gegen die Basmatschi weiter tobte. Ein Teil kam nach Kokand. Nun mussten wieder alle untergebracht werden und bei uns wurden drei Soldaten einquartiert. Sie bekamen das Kinderzimmer. Meine Mutter zog in unser Schlafzimmer, und wir zogen alle vier in unser wirklich sehr großes Speisezimmer. Wir teilten es durch zwei große Schränke. Hinter den Schränken schliefen wir alle vier, und vorne hatten wir unser Speise- und Wohnzimmer. Unsere Soldaten waren nicht ungebildet. Der eine war Student an einer Technischen Hochschule, der zweite war Maler und schenkte uns ein hübsches Aquarell von unserem Kischlak. Dieser Maler war zu Weihnachten unser Weihnachtsmann mit Kapuze und Bart und einem Sack voller Äpfel und Nüsse über der Schulter. Nun sollten die Knaben Verschen aufsagen. Fedja konnte das ohne Weiteres, aber Schurik, der sehr schüchtern war, hatte sich hinter meinem Rücken versteckt und flüsterte mir zu:"Mama, das ist doch unser Soldat!"aber auch er bekam seine Äpfel und Nüsse.

Die Soldaten hatten so gut mit dem Kneten des Weihnachtsbrotteiges geholfen, dass der Teig besonders gut aufging. Zum Dank teilte ich das süße Weihnachtsbrot mit ihnen. Unser Weihnachtsbaum war, wie auch die Jahre vorher, künstlich: in einen Stock bohrte mein Mann Löcher und in diese Löcher wurden Tujazweige gesteckt, oben kleine und nach unten hin immer größere. Als Geschenke gab es Bauklötze, die ein geschickter Österreicher angefertigt hatte. So erlebten wir Weihnachten 1919 und Sylvester 1920.-

Als im Jahre 1920 der Emir von Buchara endgültig besiegt war, kehrten die Sieger zurück nach Turkestan, zum Teil nach Kokand, und da unser Haus in gutem Zustande war, und die Wasserleitung funktionierte, waren es immer höhere Militärs und Kommissare, die bei uns einquartiert wurden.

Nun mussten unsere Soldaten und Ungefuchts fort, denn die Militärs kamen nicht allein und brauchten mehrere Zimmer. Der Erste war ein sehr gebildeter Mann, mit dito Frau und Schwester, außerdem einem Burschen. Er blieb nicht lange, wurde versetzt. Man merkte, er hatte es nicht leicht auf seinem Posten. Dann kam ein hoher Kommissar, mit Schwester, Sekretärin, deren Mann und einem Burschen. Er war eigentlich Gutsbesitzer aus dem Gouvernement Smolensk, war aber im Gegensatz zu seinem Vorgänger ein überzeugter Kommunist.

Sie lebten sehr spartanisch, das hatte ihn aber nicht daran gehindert, zwei schöne Pferde aus dem Stall des Emirs und einen schönen Teppich mitzubringen. Unsere Kühe wurden aus dem Kuhstall auf den Hof verwiesen, wo sie an Bäume angebunden standen, und die Pferde standen im Stall. Das war nicht schlimm, da es warm war.- Schlimmer war es, dass unsere böse Kuh sich in einer Nacht losriss und der anderen Kuh mit ihren spitzen Hörnern die Rippen aufschlitzte und ihr außerdem so starke Stöße unters Euter versetzte, dass dieses dick aufschwoll und keine Milch gab. Man riet uns, stark erhitzte Ziegelsteine in einen Eimer mit heißem Wasser zu tun, und diesen unter das Euter zu stellen. Dann wurde die Kuh mit einer Pferdedecke bedeckt, so dass der Dampf wirken konnte. Die Behandlung half wirklich. Wir mussten nun aufpassen, dass die böse Kuh richtig fest angebunden war.

Nur mein Mann und ich wussten, dass die Pferde des Emirs auf unserem Silber standen. Wir waren nämlich längst in die Periode des Versteckens eingetreten und hatten das Silber vergraben. In dem Rotholzbüro meines Vaters gab es zwei Geheimfächer, eins hinter der Schreibtischplatte, und eins an der Seite in der Form eines verborgenen Schränkchens. Beide ließen sich öffnen, wenn man auf verborgene Federn drückte. Wir haben entsetzliche Angst ausgestanden, als bei einer der Haussuchungen gerade dieses Büro genau untersucht wurde, und zwar suchten sie wohl gerade geheime Verstecke, aber diese Schreinerarbeit war so fein, dass sie nichts fanden, weder meinen Schmuck noch Papiere. Auf solches Verstecken von Wertgegenständen stand Todesstrafe. Wir hatten gerade eine erschütternde Tragödie erlebt. In Kokand gab es zwei reiche Seidenzüchter, die Griechenbrüder Mandalaka, Besitzer zweier schöner Häuser. Der eine von ihnen hatte sich das Leben genommen, weil er die ständigen Haussuchungen und Nationalisierungen nicht aushalten konnte.

Er hatte eine schöne Frau, auch Griechin, mit Namen Athene, und zwei Kinder. Als die Sowjets immer mehr Geld brauchten für ihren Kampf gegen die Basmatschi, wurde die Frau arretiert und der Untersuchungsrichter versprach, ihr zu helfen und wenigstens einen Teil ihres Schmuckes für sie zu retten, falls sie ihm sagte, wo er versteckt sei. Und er verstand es so gut, ihr Vertrauen zu gewinnen, dass sie ihm glaubte und ihm verriet, dass der Schmuck im Wintergarten in den Töpfen der Palmen vergraben sei. Nun, der Schmuck wurde gefunden, aber Athene zusammen mit anderen Gefangenen in ein Auto gesetzt, und als sie sahen, dass das Auto nicht in Richtung Bahnhof fuhr, sondern in Richtung mohammedanischer Friedhof, da wussten die Ärmsten wohl, was ihnen bevorstand. Dort wurden sie alle erschossen. Die Schwestern von Athene, die zum Glück gerade aus Ankara zu Besuch bei ihr weilten, fanden auf dem Friedhof ihre Kämme. Diese Schwestern nahmen dann die beiden Kinder mit, als sie in Begleitung von zwei Österreichern zurück nach Kleinasien fuhren. Dieser Vorfall hat uns wohl sehr erschüttert.

Mein Mann ruhte nicht, bevor er ein Stück reinen Goldes, dass er schon lange besaß, eintauschen konnte gegen ein viel weniger wertvolles Porte-Cigarres, allerdings aus Gold, aber nicht aus ganz reinem.

Ein Visum für Estland - neue Geschäfte

Unterdessen waren die Randstaaten Lettland, Estland und Litauen als selbständig erklärt worden und hatten Konsulate in Moskau eröffnet.

In Turkestan gab es zahlreiche Esten, auch in Kokand mehrere und einer von ihnen wollte nach Moskau ins estnische Konsulat fahren und estnische Pässe für alle diejenigen besorgen, welche für Estland optieren wollten - so war der Ausdruck. Allerdings mussten diese Optanten irgendwelche Papiere vorzeigen können, welche ihre estnische Herkunft bewiesen. Nun war mein Mann zufällig einer der drei Geschwister aus der zehnköpfigen Schar, welche in Estland geboren waren, weil Papa Aue damals Besitzer einer Tuchfabrik in der Nähe von Pernau war. Mein Mann hatte seinen Taufschein aufbewahrt, und diesem scheinbar so unbedeutenden Umstande verdanken wir es, dass wir Sowjetrussland ganz gesetzlich verlassen konnten, mit allem, was daraus folgte. Von dem Moment an, als wir den estnischenPass in Händen hatten, wurden wir in Ruhe gelassen - keine Haussuchungen mehr. Vor diesem Moment waren die Haussuchungen recht zahlreich gewesen. Derjenige, der am öftesten kam, war ein Schuster, der selbst Analphabet war und darum seinen l5-jährigen Sohn mitbrachte, welcher lesen konnte, allerdings nur Russisch. Mein Mann besaß viele deutsche und englische Bücher, und es passierte einmal, dass ein Teil von zweibändigen Werken zurückblieb. Mein Mann reagierte darauf in der Weise, dass er die zurückgelassenen Teile dann selbst in die Volksbibliothek fortbrachte. Dieser selbe Schuster ließ sich einmal von den Tränen meiner Mutter rühren. Wir hatten u.a. von ihr zwei wunderschöne, ganz große chinesische Vasen bekommen. Mein Vater hatte, als Leiter der Tee-Abteilung der Firma Knoop in Moskau,viel mit China zu tun gehabt, und besaß darum mehrere wertvolle chinesische Sachen, so auch diese Vasen. Die sollten nun als Volksgut ins Museum und wurden herausgetragen. Da aber weinte meine Mutter so herzzerreißend, dass der Schuster sich erweichen ließ und sagte: “Nun gut, behalten Sie Ihre Vasen,“ und wegging. Einer derjenigen, welche die Haussuchung ausführten, entdeckte die Konturen einer Dachluke, welche zum Speicher führte, wo wir unseren Zuckervorrat versteckt hatten. Er stellte eine Leiter an, kletterte auf den Speicher und der Zucker wurde natürlich mitgenommen.

Merkwürdigerweise bekamen wir, als wir keinen Zucker mehr hatten, Geschwüre, alle der Reihe nach, bis auf den kleinen Schurik.

Meine Mutter hatte ihren eigenen gespart und buk nun Biskuitplätzchen für Schurik, hin und wieder bekam auch Fedja ein Stückchen.- Wir beschäftigten uns nun eifrig mit dem Verkauf unseres Eigentums. Theoretisch hätten wir schon im Jahre 1920 wegreisen können, aber die Vorbereitungen und das Liquidieren nahmen ein ganzes Jahr in Anspruch. Unter anderem verkauften wir stückweise und in kleinen Partien unser schönes Kristall und Porzellan, das wir von den Brüdern meines Mannes zur Hochzeit bekommen hatten. Es war doch schmerzlich, diese schönen Gegenstände auf dem Markt in der Altstadt auf dem Erdboden zum Verkauf stehen zu sehen. Ein Mohammedaner, ein Usbeke und eine Jüdin kauften eifrig von uns und von unseren Nachbarn Krügers, leider aber bezahlte die Jüdin nicht gleich, sondern zog die Bezahlung hinaus und zwar immer mehr, je näher wir dem endgültigen Aufbruch kamen. Darauf komme ich noch zurück.

Wir verkauften nicht nur, wir kauften auch einiges, so zum Beispiel kaufte ich sardische handgewebte Seide. Die Sarden hatten ihre eigene Seidenzucht im Dorfe. Maulbeerbäume, deren Blätter den Larven des Seidenspinners als Futter dienen, gab es ja überall. Einmal sah ich in einem Hofe im Dorf, wie Frauen die Kokons, in welche die Larven sich einspinnen, in Kessel mit kochendem Wasser warfen, um die Larven zu töten. Dann fischten sie mit dünnen Stäben die Enden der Seidenfäden heraus und spulten die Fäden auf ein Rad. Aus diesen Seidenfäden webten sie auf schmalen Handwebstühlen ihre Seide, die sie dann auch färbten.

Bei einem meiner Besuche in der Altstadt führte mein Mann mich in eine sogenannte Opiumhöhle. Es war recht dunkel da drinnen, nur einige Öllämpchen brannten, und überall saßen und lagen schweigende Gestalten, die nur hin und wieder einen Zug aus der Opiumpfeife taten, oder auch nicht, wenn sie schon genug hatten. Für Fremde, wie wir, hatten diese Menschen gar kein Interesse. Sie waren ganz entrückt und starrten mit glasigem Blick vor sich hin oder ins Weite.

Mein Mann hielt sich jetzt viel in der Altstadt auf. Er hatte dort eine Geschirrwerkstatt eingerichtet, denn es herrschte ein großer Mangel an Geschirr. Alle Eingeborenen, und auch die Europäer, tranken ja ihren grünen durststillenden Tee aus flachen Schälchen (Pialas)- auch an Teekannen war der Bedarf groß. Dieses Teegeschirr hatte man immer aus Russland importiert, aber jetzt gab es ja keinen Import. So musste man Ersatz schaffen mit einheimischen Mitteln. Mein Mann fand in der Altstadt eine passende Werkstatt, wo man Drehscheiben aufstellen konnte. Auch die nötigen Spezialisten, zwei ältere würdige Usbeken, hatte er geworben - die waren ja die Grundbedingung für diese Gründung. Nun wurden die Drehscheiben aufgestellt, der nötige Lehm und die Farben beschafft, und nun konnte also auch dieser Betrieb anfangen zu arbeiten. Das war für den Wirtschaftsrat sehr willkommen, und sie unterstützten meinen Mann natürlich auf jede Weise.

Nun muss ich aber kurz erzählen, wie es mit der Lederwerkstatt gegangen war. Wie ich schon erwähnte, hatten wir im Hause als Hilfskraft einen 16-jährigen Sartenjungen. Er trieb manchmal die Kühe zum Weiden an die Aryiki am Straßenrande. Dort war die Erde feucht und dort wuchs saftiges Gras. Eines Tages, als er wieder die Kühe am Aryk, in der Nähe der Lederwerkstatt, weidete, kam er plötzlich ganz leichenblass nach Hause gelaufen, ohne die Kühe. “Wo sind denn die Kühe?” “Ich weiß nicht, die Basmatschi haben die Werkstatt überfallen und ich bin weggelaufen.” Eine große Schar berittener Basmatschi war angebraust, hatte alle Pferde, alle Wagen, d.h. die großrädrigen Arbas, alles Leder und alle fertigen Stiefel mitgenommen und waren davongeritten. Das bedeutete nun fast, von Anfang an anzufangen mit der Lederproduktion, aber nun wollte der Mitarbeiter meines Mannes die Sache in Zusammenarbeit mit der Stadt allein machen. Mein Mann zog sich zurück und startete dann die Geschirrproduktion. Ich will nur hinzufügen, dass die Kühe ganz ruhig an der Stelle grasten, wo Ulmas sie verlassen hatte. Die Basmatschi interessierten sich nicht für Kühe, nur für Pferde.

Nun will ich noch eine kleine, für das damalige Turkestan bezeichnende Geschichte erzählen. Unserem Chaidar-Ali, demjenigen Usbeken, der meines Mannes Grundstück am Rande des nächsten Dorfes bearbeitete und dafür die Hälfte der jeweiligen Ernte - was es nun war - Baumwolle oder Weizen oder beides - bekam, war seine Frau weggegangen, und er bat nun Frau Hoyer, die gut Usbekisch sprach, und mich, ihm eine andere Frau auszusuchen. Als Führer wurde uns ein 14-jähriger Sartenjunge mitgegeben, der wusste, wo die Heiratskandidatinnen wohnten. Er durfte sie sehen, weil er noch Knabe war. Die Erste gefiel uns nicht - sie sah blass und kränklich aus - war scheu und schweigsam und konnte keinerlei Fertigkeiten vorweisen. An die Zweite habe ich keine Erinnerungen, aber die Dritte gefiel uns sehr. Sie sah gesund aus, stand Rede und Antwort, konnte guten Plow zubereiten und zeigte uns die schönen Tjubeteiki (Mützchen), die sie machte, welche alle, Männer, Frauen und Kinder tragen. Das war damals keine leichte Arbeit. Sie wurden versteift durch Papierröllchen, die zwischen Seidenstoff und Futter vom Rande zur Mitte hin mit der Maschine hineingesteppt wurden - ein Röllchen, eine Naht, ein Röllchen, eine Naht usw. Außerdem wurden diese Mützchen sehr reich verziert mit hübschen Stickereien in schönen Farben. Die meisten Frauen im Dorf besaßen Nähmaschinen, die Singer auf Abzahlung, ein Rubel pro Monat, verkaufte.

Wir beredeten Chaidar-Ali, diese Frau zu nehmen, aber leider war sie zu teuer für ihn, und er nahm die erste, die billiger war. Sie ging ihm aber auch weg nach einiger Zeit. Wahrscheinlich hatte er sie schlecht behandelt. Als sie aber zu ihrem Vater zurück kam, wollte dieser sie nicht zurücknehmen, denn er sagte, es sei alles bezahlt und nun müsse sie bei ihrem Manne bleiben. Ich erinnere mich nicht, wie dieses sehr gewöhnliche kleine Drama endete, aber ich erinnere mich gut, dass eine der Frauen von Chaidar-Ali, wahrscheinlich die erste, zu mir kam und mir die Spuren seiner Schläge an ihrem Körper zeigte. Aber was konnte man schon tun? Die alten Gesetze funktionierten nicht mehr, die neuen noch nicht, man konnte nur bereden, aber ob das half, ist eine andere Frage. Ich kann nur wiederholen, dass die Befreiung der Frau durch die Sowjetregierung eine notwendige Tat war.

Chaidar-Ali ist nicht wegzudenken aus unserem Kokander Leben. Er war früher Ringer gewesen, ein starker, schöner Mann, der mit rührender Anhänglichkeit an meinem Manne hing. Ich erinnere mich deutlich, wie er von uns Abschied nahm, als wir wegfahren sollten. Ich sah ihm nach, er ging ganz langsam, mit hängendem Kopf und Schultern, man sah ihm seinen Kummer an.

Wir hatten mit vielen Schwierigkeiten zu kämpfen. Zu diesen gehörte der Kampf gegen verschiedene Sorten Ungeziefer, zum Beispiel Wanzen, welche unsere Zwangsmieter uns ins Haus gebracht hatten. Selbst kämpften sie nicht, sondern stellten die verwanzten Betten hinaus in unseren Garten und verlangten reine Betten aus dem Sownarchos. Dann winziges, aber sehr zahlreiches Ungeziefer in unserem Reisvorrat, welches ich durch Ausbreiten auf einem großen Tisch in der heißesten Sonne vernichten konnte. Am schlimmsten waren die Parasiten der Hühner, welche die Haut der Hühner durchfraßen, so dass sie aussah wie ein Sieb, und dann das Blut aussogen, so dass die Tiere immer schwächer wurden und krepierten. Dagegen half nur Einreiben der Tiere mit Petroleum, eine wenig angenehme und zeitraubende Arbeit, aber einen Teil unserer Hühner haben wir auf diese Weise doch gerettet.

Unsere Freunde fuhren allmählich alle fort. Vor ihrer Abreise hatten wir ein kleines Abschiedsfest bei uns, mit einem guten Plow, den ein bekannter Sarte in einem großen Kessel auf offenem Feuer im Garten zubereitete. Dazu tranken wir einen Schluck sehr guten Pfirsich-Schnapses, den Reuter seinerzeit bei Nacht in unserer Waschküche gebrannt hatte, aus eigenem Fallobst. Auf Schnapsbrennerei stand auch Todesstrafe.

Unsere Beleuchtung war sehr originell. Wir hatten nämlich damals keine Elektrizität, weil die Kohlengewinnung und der Transport nicht klappten. Wir füllten unsere Pokale mit Baumwollöl, drehten Dochte aus Watte, und zogen die Dochte durch die Öffnungen von den Porzellanknöpfen, durch welche damals die elektrischen Leitungen gezogen wurden, die an den Fußböden und an den Wänden entlang offen liefen. Diese Knöpfe wurden mit Draht umwunden und die Enden des Drahtes auf den Rand der Weingläser gelegt. Der Docht sog sich voll und gab ein schönes Flämmchen.

Der letzte Winter 1920/21 war recht kalt, es gab sogar etwas Schnee. Schurik hustete und ich stellte zur Nacht heiße Milch mit Honig in eine Nische unseres Speisezimmerofens, in der alles sehr warm blieb. Wir heizten mit Saksaul, das ist ein Strauch, der in der Wüste wächst. Da er seine Wurzeln ganz tief in den Erdboden senken muss, um Wasser zu finden, wächst er sehr langsam und wird nicht hoch, aber dafür ist sein Holz so hart, dass man es kaum zersägen kann; es gibt aber eine kolossale Hitze. Unser zweites Heizmaterial waren Briketts, die aus den Resten der ausgepressten Baumwollsamen, also den zermalmten Schalen der Samen, gepresst wurden; auch sie gaben eine starke Hitze. In einer kalten Nacht, als Schurik zu husten anfing, stand ich auf, um die Milch zu holen. Da sagte der kleine Kerl, der genau zweieinhalb Jahre alt war, zu seinem Vater: “Papa, gib Mama deinen Schlafrock. Es ist kalt." Dieser Schlafrock war nämlich sehr warm - aus einheimischer Seide und wattiert. Diese Äußerung des kleinen Kerlchens machte Eindruck auf mich.

Reisevorbereitungen

Bevor wir Kokand verließen, mussten wir unser Haus zur Verwaltung in sichere Hände übergeben. Der Grund und Boden, auch das andere Grundstück, waren enteignet, aber das Haus gehörte uns - das hatte die Regierung uns offiziell bestätigt, und zwar war es auf meinen Namen eingetragen. Darum bin ich hier in Helsingfors mehrere Jahre lang einmal jährlich im Sowjetkonsulat gewesen, um meine Vollmacht zu erneuern. Es gelang meinem Mann damals, eine gute Bekannte, Witwe mit zwei halberwachsenen Kindern als Verwalterin des Hauses zu gewinnen. Sie hat das Haus gut verwaltet, aber einige Jahre später schrieb sie uns, diese Arbeit werde immer schwieriger und sie sage sich los. Sie hat dann in unserem Auftrage das Haus verkauft.

Das Geld durfte nicht an uns überwiesen werden, es musste in Rußland bleiben. Es wurde dann an den jüngsten Bruder meines Mannes, der sich gerade in der Umgebung von Moskau ein Häuschen erbaut hatte, überwiesen und reichte gerade dazu, einen Zaun um das betreffende Grundstück herum zu errichten.

Zu unseren Reisevorbereitungen gehörten verschiedene Impfungen - gegen Cholera, gegen Unterleibstyphus, gegen Fleck-Typhus, der damals oft vorkam, vielfach mit tödlichem Ausgang. Fleck-Typhuskranke werden oft tobsüchtig und sind dann schwer zu bändigen. Ferner mussten wir uns verproviantieren. Das Jahr 1921 war ein schweres Hungerjahr in Russland. In Turkestan gab es Mehl, weil das Land sich damals, in den Jahren 1917/18, als die Bahn nach Russland abgeschnitten und keine Einfuhr von Getreide möglich war, wirtschaftlich umgestellt hatte. Es wurde weniger Baumwolle und mehr Weizen angebaut. Ich habe also damals fleißig Brot gebacken, das dann in Zwieback verwandelt wurde. Um Brot zu backen, muss man Hefe haben, aber die gab es nicht zu kaufen, man musste sie auch selbst herstellen. Aus Hopfen, Rosinen und Mehl wurde ein Teig gemacht, den man ordentlich gären ließ, ddanach wurde er in Kleie gerollt und getrocknet und ergab eine ganz effektive Hefe.

Mein Mann hatte zwei Schafe angeschafft. In Turkmenistan, in der Salzsteppe, werden die berühmten Karakulschafe gezüchtet, welche die schönen Felle für Damenpelze liefern. In Usbekistan aber gab es die Fettschwanzschafe. Diese Fettschwänze bestehen aus ganz reinem Fett und können 1 1/2 bis 2 Kilo wiegen.

Kurz vor unserer Abreise berief mein Mann zwei Mekka-Fahrer zu uns, die sich auf Zubereitung von Wegkost für lange Reisen verstanden. Sie schlachteten die Schafe, zerlegten das ganze Fleisch mit Knochen in Stücke, und diese Stücke wurden dann in einem großen Gefäß auf offenem Feuer im Garten in dem Schwanzfett mit Zwiebeln und Salz gekocht, und zwar stundenlang. Dieses große Gefäß mit Schaffleisch, nebst dem Zwieback und getrocknetem Obst hat nicht nur uns während der Reise ernährt, sondern auch unseren Verwandten in Moskau sehr geholfen.

Bevor wir uns nun endgültig von unserem Heim in Kokand trennen, muss ich noch kurz unseren letzten Zwangsmieter, den Nachfolger Skalows, der ihm mit Gefolge und Pferden das Feld räumen musste, erwähnen. Der Kampf gegen die Basmatschi tobte immer weiter, und zwecks Konzentration der örtlichen Macht hatte die Regierung von Usbekistan das sogenannte Komitee der "Obersten Drei" ernannt. Die Beschlüsse dieser drei Kommissare waren oberstes Gesetz. Dieses Trio verfügte über Leben und Tod aller Bürger dieses Distrikts. Einer von ihnen wurde Nachfolger von Skalow und wohnte mit Frau und Bursche bei uns. Genau wie Skalow ignorierte er uns vollkommen. Wenn wir uns im Korridor trafen, sah er durch uns hindurch oder über uns hinweg. Seine Frau dagegen war sehr nett, bescheiden, taktvoll und freundlich, verwandte viel Zeit darauf, ihrem Burschen das Lesen beizubringen. Damals war der Kampf gegen den Analphabetismus Losung und Pflicht. Auch dieser Kommissar hatte zwei schöne Pferde aus dem Stall des Emirs in unserem Kuhstall stehen. Aber das Leben, das diese Familie führte, war ganz freudlos und sehr bescheiden. Die junge Frau hatte ihr Kind, das irgendwo unterwegs in einem Eisenbahnwagen geboren war, bei ihrer Mutter in der Nähe von Moskau zurückgelassen und grämte sich nun, weil sie sich sehnte nach dem Kinde und auch fürchtete, dass Kind und Mutter hungerten. Der Tag unserer Abreise, d.h. unseres Transportes, ein Sammeltransport für alle, welche das Land verlassen wollten und noch in Kokand waren, war festgesetzt auf den 11. August. Genau einen Monat vorher, am 11. Juli, wurde unser Schura drei Jahre alt. Ich versuchte, den Kindern noch irgendwie Vergnügen zu machen.

Mit einer Gruppe von Kindern und einem Korb mit selbstgebackenem Kringel und Saft gingen wir auf die Namanganka, d.h. zu der Bahn, die nach Namangan führte. Es gab ja damals kaum Zugverkehr, und kein Beamter war zu sehen, dafür stand auf den Schienen eine unbenutzte Draisine, d.h.

eine Plattform auf Rädern, die sich mit einem Hebel, den man hin und her bewegte, fortbewegen ließ.

Auf dieser Draisine fuhren wir ungestraft auf den Schienen hin und her, immer in kleiner Gruppe, dazwischen stärkte man sich mit Kringel und Saft. Unsere Kinder waren nicht verwöhnt und amüsierten sich köstlich.

Der 11. August kam heran. Mein Mann hatte den Güterwagen, in dem wir reisen sollten, desinfizieren können, indem er ihn an eine Lokomotive herangerollt und mit einem Schlauch und Dampf aus dem Dampfkessel gewaschen hatte. In dem Wagen waren vor uns nicht Menschen, sondern Pferde transportiert worden - das war besser, wegen der Typhusgefahr. Er hatte auch in halber Höhe Plattformen einbauen lassen. Auf einer dieser Plattformen schliefen wir vier auf unseren Matratzen. Unter uns war unser Gepäck verstaut. An der Tür an der Wand, welche verschlossen war, stand ein Bett für meine Mutter, die nur liegend reisen konnte, denn ihre Beine waren dick geschwollen. Für sie war ein Klappstuhl mit Stangen, auf denen dieser getragen werden konnte, bereitgestellt. Mein Mann fuhr mit den Kindern und dem letzten Gepäck früher zur Bahn, ich fuhr mit meiner Mutter hinterher. Ich hatte mir vorgenommen, auf dem Wege zur Bahn bei der Jüdin vorzusprechen, welche uns und unseren Nachbarn Krügers viel Geld schuldig geblieben war, für die ihr verkauften Sachen. Ich hatte mir von unserem Kommissar durch seine Frau die Sicherheit verschafft, dass ich ihren Betrug in der Tsch.K. (Sicherheitspolizei; später NKWD), melden könnte, wenn sie nicht bezahlte. Diese Drohung half tatsächlich. Als ich ihr sagte, was ich zu sagen hatte, beriet sie sich mit ihrem Freunde, einem Österreicher, und brachte mir dann einen Haufen Papiergeld, davon 70.000 Rubel für Frau Krüger. Für uns war die Summe grösser, aber ich erinnere mich ihrer Höhe nicht. Nun fuhren wir eiligst zur Bahn, aber unterwegs kam mein Mann uns entgegengerast (die Droschken in Kokand waren alle Zweispänner und hatten gute Pferde) in großer Aufregung. „Wo bleibt ihr? Der Zug geht gleich ab, ihr könnt doch nicht zurückbleiben.“ Also höchste Eile. Als meine Mutter auf ihrem Klappstuhl über die Schienen getragen wurde, brach die eine der zwei Stangen und sie wäre beinahe böse gestürzt, aber es gelang irgendwie, dies zu verhindern und irgendwie auch sie in den Güterwagen zu befördern, der ja keine normalen Stufen hatte, sondern eine angehängte kleine Leiter.

Der Zug aber ging noch lange nicht ab. Wir standen noch die ganze Nacht. Als ich am nächsten Morgen auf den Markt ging, um Milch für die Kinder zu kaufen, kam ein Zug langsam angefahren und ich sah, wie ein Mann sich vor dem vordersten Rade auf die Schienen legte. Alle Räder gingen dann über ihn hinweg, und als der ganze Zug vorbei war, lag er dort unbeweglich. Das war der Auftakt zu unserer Reise.

Zugreise über Taschkent, Aralsk und Rjasan nach Moskau

Die Bahnverwaltung verteilte allen in unserem Transport Brot, nicht sehr reichlich, aber doch. Wir bekamen drei Roggenbrote. Die zerschnitten wir und trockneten die Scheiben in der Sonne auf dem Dach. Diesen Zwieback haben wir dann unterwegs auf den Stationen an die Hungernden verteilt.

Außer uns hatten wir zwei estnische Köchinnen, mit einem Foxterrier, und einen russischen Musiker mit Frau und Kind in unserem Wagen.

Später kamen noch zwei estnische Soldaten hinzu, was übel war, denn sie waren ganz verlaust. Das waren aber keine Kopfläuse, sondern Kleiderläuse, welche meine Mutter und mich als Beute wählten, und bald hatten wir rote Gürtel an unserem Körper. Wenn unser Zug lange an einer Station stand und die Männer den Wagen verließen,versuchten wir, unsere "Zwangsmieter" loszuwerden.

In Taschkent standen wir lange und hatten Gelegenheit, von Pletzers (Mutter und Tochter) und von unserer Frau Dr. Pistol Abschied zu nehmen. Sie hatte unterdessen einen überzeugten Kommunisten, einen sehr anständigen Menschen, geheiratet, und da er aus irgendeinem Grunde Usbekistan verlassen musste, mit ihm in Teheran gelebt, wo sie Ärztin im Harem des Schahs geworden war. Das war übrigens der Vater des jetzigen Schahs, ein einfacher Unteroffizier, der durch einen Coup den Thron errang.

Unsere Reise ging sehr langsam, denn es herrschte großer Mangel an Lokomotiven, so dass wir oft tagelang an einer Station standen, so zum Beispiel an der Station Aralsk am Aralsee. Dort gab es nicht weit von der Bahnlinie ein großes Kirgisen-Lager in der Steppe.

Viele von unseren Reisenden kauften oder tauschten dort Schaffleisch ein und ich sehe in der Erinnerung die langen Messer der Kirgisen in der Sonne blitzen. Wir brauchten ja kein Schaffleisch, aber wir tauschten Salz ein, gegen irgendetwas, denn wir hatten gehört, dass in Russland Mangel an Salz herrsche. Dort in dem Lager an der Station Aralsk sind unsere Knaben auf Kamelen geritten, und dieser Kamelritt war das Einzige von dieser Reise, woran unser Schura sich später erinnerte.

Die meisten Reisenden verhielten sich recht passiv zu dem ewigen Stehen und Warten, nicht aber unser Papa, und er beschloss den nächsten Zugführer zu bestechen mit Produkten aus Turkestan. Dies erfuhr aber irgendwie der Chef der Sicherheitspolizei, die es an jeder Station gab, und mein Mann wurde abgeführt. Nun hatten wir in unserem Transport einen jungen österreichischen Arzt, mit dem mein Mann im Lager zusammengearbeitet hatte. Der machte sich auf in die Tsch.K., unterhielt sich mit den Leuten und erzählte ihnen, er habe eine Apotheke mit verschiedenen Medizinen, die auch Spiritus und Wein enthalte, und er stehe gerne zur Verfügung.

Es dauerte nicht lange, da machten die Beamten der Tsch.K. sich auf zu unserem Zuge, und zwar zu dem Wagen des Arztes, um sich etwas von den erwähnten Herrlichkeiten zu verschaffen, aber der Arzt stellte die Freilassung meines Mannes zur Bedingung. Die wurde erfüllt und ein Mann kam zurück. Aber nun kam er als Katalysator der Bewegung nicht mehr in Frage. Zum Glück hatten wir die temperamentvollen Magyaren in unserem Transport. Als nun die ersehnte Lokomotive nach bewährtem Rezept zum Wasserturm fuhr, um ihren Kessel zu füllen und dann in höchstem Tempo zu einem der auf den Gleisen stehenden Züge, aber nicht in Richtung Russland, sondern in Richtung Turkestan zu stoßen, setzten sich die Magyaren auf alle Gleise außer denen, die zu unserem Zuge führten, und erklärten, die Lokomotive könne nur über ihre Leichen fahren. Das half wirklich, und wir fuhren weiter in Richtung Russland. Je weiter wir fuhren, desto grösser wurde die Zahl der Hungernden, welche nach Turkestan strebten. Besonders ist mir eine Station in Erinnerung, wo am Bahnabhange Frauen und Kinder in der Sonne saßen und einander lausten. Sie hatten ihre Dörfer verlassen, ihr Vieh geschlachtet, die Frauen hatten die Wolle versponnen und Kleider daraus gestrickt, die Kinder hatten Wolle auf bloßem Leibe und in dieser Wolle setzten sich die Kleiderläuse besonders fest.

An einer anderen Station, nicht weit von der Wolga, passierte etwas, was ich nicht vergessen kann: ich erwähnte schon den Foxterrier unserer estnischen Reisegefährtinnen. Er wurde gut gefüttert, denn sie hatten Vorräte. Als er sich nun draußen erging, übergab er sich. Flugs streckte ein Kind sein mageres Händchen nach diesem breiigen Etwas aus und steckte es in sein eigenes Mäulchen. Der Hunger war böse.

An einer Station ging unser Zug ganz plötzlich und ohne dass wir davon in Kenntnis gesetzt waren, ab, und einige Herren, darunter auch unser Papa, blieben zurück. Fedja, welcher verstand, was passiert war, schrie und geriet in solch eine Aufregung, dass ich das Kind nicht beruhigen konnte. Zum Glück gelang es den Herren, sich irgendwie in einen der hinteren Wagen zu schwingen und wir sahen, dass sie nicht zurückgeblieben waren, und Fedja beruhigte sich allmählich. Erst an der nächsten Station kamen sie dann zu ihren Angehörigen, denn es gab ja keine Durchgänge durch die Wagen. Dies war wieder einmal eine große Erleichterung.

Während wir uns der Wolga näherten, verbreitete sich das Gerücht, dass der Zug, welcher vor uns durchgegangen war, überfallen und beraubt worden war, von den sogenannten "Grünen". Das waren weder Weiße noch Rote, sondern Banden, welche aus hungernden Bauern, desertierten Soldaten und allen möglichen Räubern bestanden und alles überfielen und ausraubten, was sich ihnen bot. Ich sehe mich noch in der Nacht oben an unserem kleinen verhängten Fenster sitzen und Goldstücke als Knöpfe an die Unterhosen meines Mannes nähen. Die "Grünen" haben aber unseren Zug nicht überfallen.

An der Wolga regnete es. An und für sich waren der Regen und das saftige Grün der Bäume ein Erlebnis, aber leider stellte sich heraus, dass unser Dach schadhaft war. Ein dünner Wasserstrahl floss auf die Hüfte meiner Mutter und wir mussten eine Waschschüssel auf ihre Hüfte stellen. Wir versuchten, die schadhafte Stelle mit allem Möglichen, zum Beispiel einem Wachstuch, zu bedecken, aber als wir nach Rjasan kamen, einem großen Kreuzpunkt der Bahn, und eine Revision aller Wagen vorgenommen wurde, da sollte unser Wagen ausrangiert werden und wir sollten alle raus mit unseren Sachen in den Regen. Wie hätten wir das durchführen können, mit unserer bettlägerigen Babuschka? Mein Mann griff wieder zu dem leider unentbehrlichen Mittel der Bestechung. Die zuständigen Leute bekamen die Verheißung von Reis und Mehl, und dann waren sie es, die meinem Mann halfen, das Dach zu reparieren, und so fuhren wir in demselben Wagen weiter bis Moskau.

Letzte Besorgungen in Moskau - Weiterfahrt nach Narva

Die Ankunft dort war auch keine reine Freude. Unser Wagen wurde nämlich an einen ziemlich steilen Abhang gerollt, den meine Mutter unmöglich hätte erklettern können. Außerdem war es kalt geworden. Wir zogen Mama also ihre warmen Sachen an, schlossen sie schweren Herzens in dem Wagen ein und machten uns auf zu meiner Schwägerin Berta, in deren Dreizimmerwohnung außer ihr, meiner Schwiegermutter und meiner jüngsten Schwägerin Meta noch eine andere Schwägerin mit ihrem jüngsten Sohn und außerdem der kranke George wohnten. Seine Mutter, die Witwe meines Schwagers George, konnte ihn nicht pflegen, weil sie ihren Haushalt liquidierte und packte, um mit ihren drei Kindern in die Schweiz zu ziehen. Nun noch wir vier dazu, und später, als meine Schwiegermutter und Meta nach Deutschland umsiedeln sollten, kam noch der jüngste Bruder meines Mannes mit seiner Frau aus dem Süden, um von der Mutter und Schwester schmerzlichen Abschied zu nehmen. Meine Schwiegermutter war ein ganz besonderer Mensch. Sie war immer gleichmäßig ruhig und freundlich, hat niemals etwas verlangt für ihre Person, auch von ihren Kindern nicht, wurde aber über alles verehrt und geliebt von ihnen.

Meinem Manne gelang es, von der Bahnverwaltung zu erreichen, dass diese unseren Wagen in die Nähe der Straße beförderte. Von dort konnten wir zu zweit meine Mutter bis zur Straße geleiten und dann konnten wir sie per Droschke (Auto gab es nicht) zu der sehr lieben Schwiegermutter meiner Schwester im Zentrum der Stadt bringen, wo sie es sehr gut hatte. Der Arzt meinte, sie könnte nur noch einige Monate leben, aber sie hat dann in Reval noch fast vier Jahre gelebt.

Mein Mann hatte viel zu erledigen. Er musste Ausfuhrerlaubnis für unsere Teppiche, die in einem sogenannten diplomatischen Kurier, d.h. einer versiegelten und gestempelten Kiste, nach Estland geschickt wurden, bekommen, ebenso für unsere Turkestaner Bilder (ohne Rahmen), ein paar Figuren, meine Noten usw. Und dann die Hauptsache: in unseren Wagen musste ein Öfchen eingebaut werden, eine sogenannte Burschuika, denn es war Oktober und recht kalt. Vom 11. August bis zum 13.September waren wir unterwegs von Kokand bis Moskau und nun noch zwölf Tage bis Narva in Estland. Wir fuhren zuletzt: meine Schwiegermutter und Meta, sowie Jule Aue mit den drei Kindern hatten wir schon an den Zug begleitet, der sie nach Petersburg bringen sollte, von wo aus das Schiff nach Stettin ging. Unsere Grenze nach Estland war in Jamburg und diese Grenzuntersuchung war außerordentlich gründlich und dauerte vom Morgen bis zum Nachmittag. Merkwürdigerweise wurden uns nur meiner Mutter Köfferchen mit Medizin und ein Spiegel abgenommen - wir wurden von Frauen untersucht, die wohl den Spiegel brauchten. Am schlimmsten war es, dass unser Öfchen uns weggenommen wurde, denn es war kalt.

Als wir uns am Abend Narva näherten, hielt unser Zug auf offenem Felde, in der Dunkelheit, und wir erfuhren, dass wir Scharlach - und Diphteriekranke in unserem Zug hatten, und darum erst direkt in die Quarantäne mussten, und zwar übers Feld, welches mit Glatteis bedeckt war. Für das Gepäck kamen große Leiterwagen, die hoch beladen wurden. Ich weiß wirklich nicht, wie es meinem Mann gelang, wahrscheinlich mit Hilfe anderer Männer, meine Mutter oben auf das Gepäck zu befördern, aber ich sehe sie in der Dunkelheit dort oben sitzen und meinen Mann, der sie festhielt, neben ihr. Ich nahm eine Waschschüssel und reine Wäsche unter den Arm, den Kleinen an die Hand und so stolperten wir zu dritt über das Glatteis. Als wir in die Fabrikhalle der Tuchmanufaktur, welche rein, warm und hell erleuchtet war, traten, hatte ich das Gefühl, wir wären im Himmelreich. Nun saßen wir und warteten, bis wir an der Reihe waren, in die Sauna zu gehen.

Zur Nacht wurden uns fünf Personen zwei eiserne Betten angewiesen. Die beiden Fabriken - Tuchmanufaktur und Leinenmanufaktur, gehörten der Familie Peltzer, Verwandten meines Mannes (seine Mutter war eine geborene Peltzer), und am nächsten Tage telefonierte mein Mann an den damaligen Direktor Hans Peltzer, was zur Folge hatte, dass recht bald eine Equipage mit einer Krankenschwester erschien und meine Mutter, mich und die Kinder in das Krankenhaus der Leinenmanufaktur brachte. Mein Mann blieb zurück mit den anderen. Meine Mutter wurde zu Bett gebracht, die Kinder aber nahmen ihren Sack mit Bauklötzen hervor und nun wurde auf dem Fußboden Zug gespielt, stundenlang, mit allem Tuten und Blasen, was dazu gehört. Als wir am nächsten Morgen auf den Fabrikhof gingen, griff der Kleine mich hinten am Mantel und sagte: "Mama ist die Lokomotive", und nun wurde auch hier "Zug" gespielt.- Mein Mann telegraphierte nach Stockholm und Christine überwies uns einen Teil der Dollars, die für die Treibriemen in Amerika erzielt worden waren.

Sowie die Quarantäne erledigt war, fuhr mein Mann nach Reval, wo er für uns vier ein großes möbliertes Zimmer mietete, außerhalb der Stadt, bei einer alten Dame, die dort ein kleines Gütchen besaß und eine Konservenfabrik betrieb. Meine Mutter konnte er ganz in der Nähe in der Anstalt „Seewald“ unterbringen. Diese bestand aus verschiedenen Häusern - für Geisteskranke, für Nervöse, für Erholungsbedürftige usw. und lag in einem großen Park ganz am Meere, der von dem deutschen Adelsverein geschenkt worden war. Oberarzt war Dr. Ernst von Kügelgen und einer der Hauptärzte war Dr. Leo von Kügelgen, ein sehr sympathischer Mann, der dann meine Mutter behandelte und den sie richtig lieb hatte. Sie bekam ein schönes Zimmer in Nr.4, wo es keine Geisteskranken gab, und hatte es sehr gut dort. Mein Mann mietete auch ein Kontor im Zentrum, richtete es ein, engagierte eine Korrespondentin und fing an zu arbeiten.

Die Grundlage, auf welcher er nun dieses Geschäft aufbaute, war folgende: Herr Hahr hatte in Kokand einen guten Freund gehabt, Herrn Meyerkort aus Bremen, welcher in Turkestan eine große Firma besaß, aber noch vor dem ersten Weltkriege nach Deutschland zurückging. Als er erfuhr, dass sein Freund Percy Hahr aus Moskau nach Lettland, für welches er optiert hatte, zurückziehen wollte und außer ihm noch zwei andere Bekannte aus Turkestan, Hensel und Aue, da bekam er die Idee, in den selbständigen

Theodor und Alexander Aue, Reval 1921

Familientreffen in Helsinki 1923

Familie Aue 1927/28

Wettlaufen in Degerö 1927

Randstaaten Firmen zu gründen, die sich organisieren und gleich vorstoßen sollten, wenn die Sowjetregierung gestürzt worden war. Er glaubte nämlich fest, dass es so geschehen würde, wie übrigens viele andere auch. Mein Mann hatte also erst den Anfang gemacht in Reval und sein erstes großes Geschäft mit der Sowjethandelsdelegation in Estland machte er in Reis von Meyerkort in Bremen. Unterdessen kam auch Hahr aus Moskau mit Frau und fünf Kindern nach Riga.

Mein Mann überwies ihm die Hälfte der Dollars, so dass er in Riga eine Wohnung mieten und seine Kinder einkleiden und einschulen konnte. Nun kam auch Hensel mit Frau aus Russland, und zwar über Wladiwostok und Berlin. Es wurde nun geplant, dass mein Mann, als der jüngste und sprachenkundigste nach Finnland ziehen sollte und versuchen, dort eine entsprechende Firma unter dem Namen „Hahr, Hensel & Co." zu gründen. Dieses neue Unternehmen musste gründlich vorbereitet werden, aber vorher verbrachten wir noch einen Sommer in Hapsal, wo wir ein möbliertes Sommerhäuschen mieteten. Meine Mutter bekam Schlamm-Behandlung, welche ihr gut tat. Im oberen Stock gab es ein nettes Zimmer, das wir einer meiner sehr lieben Moskauer Bekannten, Frl. Olga Luther, zur Verfügung stellten. Ihr Bruder, der Advokat Alexander Luther in Moskau, war im Kriege in Prjemyscl an Typhus gestorben, seine Frau bald darauf an den Folgen einer Operation und Olga Luther nahm die beiden Waisen zu sich, ging nach Reval, wo sie Verwandte hatte, und ist ihnen eine treue Mutter gewesen. Nun konnten wir in Hapsal einen schönen Sommer zusammen verleben. Dort haben die Kinder das Paddeln erlernt und mit großem Vergnügen betrieben.

Im Herbst 1922 zog mein Mann nach Helsingfors, zuerst allein, denn er wollte sich erst umsehen, ein Kontor mieten und womöglich auch eine Wohnung. Ich blieb noch in Reval und beschäftigte mich mit Packen. Das war nicht so einfach, denn die estnische Hafenverwaltung verlangte, dass jedes Kolli eine Hülle besaß, Wachstuch oder Papier, auf der eine Nummer deutlich sichtbar gemalt war. Zum Glück hatte ich Hilfe von einem Deutschrussen aus Moskau, früheren Besitzer des Hotels Berlin.

Von Estland nach Helsinki - die neue Heimat

Ich nahm mit Bedauern Abschied von dem sympathischen Ländchen, mit seiner fleißigen, ehrlichen, sauberen und musikalischen Bevölkerung, welche in der kurzen Zeit ihrer politischen Freiheit ganz bedeutende Fortschritte machte. Wir empfanden ihr gegenüber Dankbarkeit für das freundliche Entgegenkommen und genossen das Gefühl der Freiheit.

Meinem Mann war es wohl gelungen, ein Kontor zu mieten, und zwar auf der Lönnrotsgatan, damals Andrégatan, bei dem pensionierten Direktor Nybom von der KOP-Bank, aber mit einer Wohnung war es schwieriger schon damals, und er gab das Wohnungssuchen auf. Es glückte ihm, bei einer deutschen Dame gebürtig aus Dorpat, ein großes Zimmer zu mieten, und zwar ihren Salon mit Rotholzmöbeln und Kristallkrone, aber sie wagte es, zwei Knaben zu nehmen. Ich habe Angst ausgestanden wegen Teppichen und Damastbezügen, aber es ging glücklich ab.

Das Erste war dann zunächst, Fedja in die A-Klasse der Deutschen Schule zu geben und Schurik in den Kindergarten, und da wir in der Pension mit voller Beköstigung lebten, verwandte ich die Vormittage dazu, Wohnung zu suchen. Das war nun gar nicht einfach, es war schon damals leichter, zu kaufen als zu mieten. Wir entschlossen uns, eine möblierte Zweizimmerwohnung mit Küche, ohne Badezimmer, in Brunnsparken neben der sogenannten Marmorvilla, in einem schönen Garten und mit einem riesigen Balkon, zu mieten. Die Kinder hatten es dort wundervoll - der ganze Brunnsparken stand ihnen als Spielplatz zur Verfügung. Die Villa gehörte Direktor Kaarlo Kaira, der nachher Professor wurde, ein bekannter Spezialist für internationales Recht. Damals musste ich mich ihm persönlich vorstellen, bevor er sich entschloss, uns die Wohnung zu vermieten, denn wir kamen aus Russland und waren gewissermaßen suspekt. Wir waren aber Deutsche und damals, nach dem ersten Weltkrieg, war die Stimmung in Finnland sehr deutschfreundlich.

Die Lokalitäten der Deutschen Schule waren ungeheuer primitiv. Die unteren Klassen logierten in einem einstöckigen Holzhause, Unionsgatan 10; die oberen Klassen, damals wohl Fünf, Sechs und Sieben, in einem einstöckigen Holzhause an der Ecke der Södra Magasinsgatan und des Södra Kajen. Dort gab es keinen Saal und wenn das Wetter gut war, konnten sich die Schüler auf dem Observatoriumsberge ergehen. Wenn die Pause zu Ende war, kam Mama Rein mit einer großen Glocke an die Straßenecke und läutete kräftig, um die Schüler zurückzurufen. Kurz nach unserer Ankunft wurde auf dem Grundstück Nr.10, welches dem deutschen Verein gehörte, ein vierstöckiges Gebäude errichtet. Die Holzhäuser wurden geleert und das eine vernichtet, aber als die letzten Klassen hinzukamen, wurde die Schule wieder zu klein, und es wurde eine Wohnung auf der Södra Magasinsgatan dazu gemietet, das sogenannte "Schloss", denn es gab dort gewaltige Marmoröfen mit Spiegeln. Im Jahre 1932/33 wurde die jetzige Schule auf Malmgatan erbaut.

Die Deutsche Schule erreichte unter Rektor Krämer, der 15 Jahre lang in

Helsingfors tätig war, ein hohes Niveau, mit teils einheimischen, teils reichsdeutschen Lehrkräften. Fedja ging nach bestandenem Abitur an die finnische Handelshochschule, so dass er fertig war, als der Winterkrieg ausbrach. Aber Schura, der 1937 nach dem Abitur an die Åbo-Akademie ging, um Chemie zu studieren, wurde erst durch den Winterkrieg, dann durch den Fortsetzungskrieg in seinen Studien unterbrochen. Noch während des Krieges 1942 - 43 bekam er Studienurlaub und konnte sein Studium an der Technischen Hochschule in Helsingfors beenden (mit Metallurgie als Spezialfach).

Unsere Familie ist in Helsingfors sechsmal umgezogen: aus der Pension (nach der Ankunft in Finnland) nach Brunnsparken, aus Brunnsparken nach Södra Magasinsgatan, von Södra Magasinsgatan nach Lotsgatan, von Lotsgatan nach Köpmansgatan, von Köpmansgatan zurück nach S. Magasinsgatan, von dort im Jahr 1956 endlich in die eigene Wohnung in Munksnäs. Bis dahin hatten wir aus Sparsamkeitsrücksichten immer Wohnung und Kontor zusammen gehabt.

Die Firma hieß lange nicht mehr Hahr, Hensel & Comp., sondern Oy Max Aue Ab. Als Herr Meyerkort sah, dass die Sowjetunion endgültig gesiegt hatte, zog er sich zurück und die Herren mussten sehen, wie sie ohne die Meyerkortschen Kredite fertig wurden. Meinem Mann gelang es, die Firma Max Aue zu einer allgemein anerkannten und geachteten Firma zu entwickeln.

Der Anfang ganz ohne Kenntnis der Landessprachen und Verhältnisse war natürlich schwer, aber mit großer Energie und sehr viel Arbeit gelang es.

Als er dank seinem hohen Alter die Arbeit aufgeben musste, konnte er sein Werk ruhig der Leitung seines Sohnes Theodor überlassen, der die Firma bedeutend ausgebaut und vergrößert hat. Sehr bereichernd für unser Leben in Helsingfors war der Verkehr mit meiner Schwiegermutter und meinen Schwägerinnen in Stockholm, besonders mit den beiden Jüngsten, Christine und Meta, die beide meinen Mann überlebten. Wir waren öfters drüben und sie in Helsingfors. Auch meine Schwiegermutter war einen Sommer bei uns auf Degerö. Sie war glücklich, wenigstens einen ihrer fünf Söhne in der Nähe zu haben. Und während des Krieges, als wir es schwer hatten mit Lebensmitteln in Finnland - wie haben sie uns geholfen. Sie halfen nicht nur uns, sondern auch den Notleidenden im Deutschland der Nachkriegszeit - unzählige Pakete gingen aus Stockholm dorthin. Auch wir halfen mit Paketen, aber besonders interessierte mein Mann sich für das Schicksal der Wolgadeutschen und die Deutsche Gemeinde unterstützte ihn bei dieser Hilfstätigkeit. Mit der Zeit bekleidete Max Aue eine ganze Reihe Ehrenämter: an der Deutschen Schule, in der Deutschen Bibliothek und in der Deutschen

Gemeinde. Die Zeit seiner ehrenamtlichen Tätigkeit in der Gemeinde deckte sich mit der Amtszeit von Propst Sentzke und die Zusammenarbeit war sehr angenehm und bereichernd.

Am 26.12.1966 endete Max Aues Leben, ein Leben, das sehr bewegt und auch nicht leicht gewesen war, aber reich an Inhalt, an Initiative, an geistigen Interessen, an Güte und ständiger Hilfsbereitschaft.

Juni 1978
Margarete
Aue

3. Januar 1926 in Munksnäs

Familie Aue 1933

Silberhochzeit 1940

November 1960, Margarethe und Max Aue

Erinnerungen aus meiner Kindheit und Jugend.

Nachdem ich meine Erinnerungen von 1914 bis in unsere Zeit erzählt habe, soll ich nun auch etwas über meine Kindheit und Jugend mitteilen und da fange ich an mit den Vorfahren meines Vaters.

Margarethas Vorfahren

Sein Urgroßvater, Italiener und Katholik, war Seidenhändler angeblich in Como. Er kam jedes Jahr zur Seidenmesse nach Reval. Sein Sohn Peter, geboren in Milano, begleitete ihn, heiratete in Reval eine schwedische Pastorentochter Lindemann und blieb in Estland und zwar in Arensburg auf der Insel Ösel. Dort wurde er Akzisebeamter. Als er fühlte, dass er bald sterben würde, wollte er das Abendmahl nehmen. Da es keinen katholischen Priester gab in Arensburg, hat er den evangelischen darum gebeten, aber dieser verweigerte es ihm. Nacher soll er es sehr bereut haben.

Peter Rascha hatte vier Söhne:

Carl Friedrich Wilhelm Rascha, geb. 1798, unser Großvater, wurde Stadtbuchhalter in Arensburg und ist auf diesem Posten über 50 Jahre lang geblieben. Für seine langjährigen treuen Dienste wurde er vom Kaiser geadelt, und zwar war dieser Adel erblich. Er heiratete die Tochter eines deutschen Gutsbesitzers, Auguste Elizabeth Grosswald, geb. 1809. Sie soll bekannt gewesen sein für ihre Güte und überhaupt sollen die beiden sehr geachtete Leute gewesen sein und bei seinem Tode wurde Großpapa ein sehr schöner Nachruf gewidmet.

Großpapas Bruder, Johann Peter Karl, wanderte aus nach Russland ins Gouvernement Pensa, wo er ein Gut bewirtschaftete. Er heiratete eine Russin und seine Nachkommenschaft verrusste vollkommen. Zu seiner Silberhochzeit sollen sich 125 Kinder, Kindeskinder und Angeheiratete um ihn versammelt haben. Einer seiner Enkel studierte Medizin in Moskau und besuchte uns manchmal, er sprach aber kein Wort Deutsch.

Ein dritter Bruder, Peter, wurde Polizeibeamter in Riga. Er soll wunderlich gewesen sein und sein Sohn nahm sich das Leben, während ein Enkel geisteskrank wurde. Seine Enkelinnen, also dessen Schwestern, waren oft bei uns im Hause. Die eine war Taubstummenlehrerin in Riga.

Der Bruder Gottlieb Johann, geb. 1812, wurde Provisor und Besitzer der ältesten Apotheke Liv- und Estlands, der sog. Heidenreichschen Apotheke gegr. 1746. Er kaufte sie von seinem Schwiegervater (Hermann). Großonkel Johann soll ganz italienisch ausgesehen haben und sehr lebhaft gewesen sein. Das gilt auch von seiner Tochter Constance, geboren 1841, die auch einen Apotheker heiratete, Karl Julius van der Bellen, geboren 1833, und deren älterer Sohn, auch Apotheker. Diese Constance van der Bellen war die Tante Tanny, welche nach Deutschland ging, als alle Deutschen das Baltikum verließen und sehr gefeiert wurde vom Bürgermeister und von dem Verein der Balten, als sie 101 Jahre alt wurde. Sie war damals ganz blind, aber geistig vollkommen klar. Emma Aue hat sie in Arensburg besucht. Der silberne Teelöffel, den sie mir damals schickte, ist jetzt in Moskau.

Unsere Großeltern hatten 11 Kinder, von denen drei als Kinder starben. Von den acht, die heranwuchsen, war unser Vater das siebente. Das war ungünstig für ihn, denn seine Brüder studierten, aber als die Reihe an ihn kam, fanden sich keine Mittel mehr fürs Studium und er ging als blutjunger Bursche nach Moskau, um zu verdienen. Sein Bruder Richard, geb. 1831, war Forstmann und lebte auf dem Ural in Kuschwa, einem großen Grubenzentrum, wo er die staatlichen Wälder verwaltete. Ich erinnere mich seiner und seiner Frau, Tante Lisinka, sehr genau, auch seiner Uniform mit den grünen Schildern und den doppelköpfigen Adlern auf den Knöpfen. Ihre einzige Tochter starb und irgendwie merkte man ihnen diesen Kummer an.

Der andere Bruder meines Vaters, Onkel Constantin, geb.1841, studierte Sprachen und wurde Lehrer der deutschen Sprache im Kadettencorps in Moskau. Das war ein riesiger Komplex, denn alle Kadetten, angefangen von den Kleinsten, lebten im Internat. Alle, auch die Kleinsten, waren uniformiert. Die kleinen Kerlchen mit den langen Hosen, den ledergegürteten Epauletten und Militärmützen konnten einem leidtun. Onkel Constantin starb früh. Seine Frau, welche Schweizerin war, zog mit ihrer einzigen Tochter zurück nach Neuchâtel.

Sehr gut erinnere ich mich der Tanten Therese, Ida und Alwine. Tante Therese, die Älteste, geb.1831, lebte bei ihrer Schwester Alwine und führte ihren Haushalt. Wenn man sie begrüßen wollte, musste man immer in die Küche gehen. Tante Alwine, geb. 1839, war verheiratet mit einem Militärarzt, von Lange, dessen zweite Frau sie war. Sie hatten erst im Süden Russlands gelebt, aber nach seiner Pensionierung zogen sie nach Riga, wo er ein Grundstück mit zwei Häusern kaufte. Im vorderen hatten von Lerges ihre Wohnung, im Hofhause hatte Tante Ida, welche geb. 1833, unverheiratet war, eine kleine Wohnung. Tante Ida war oft bei uns, wenn Hilfe nötig war, und als unsere Eltern eine Reise auf den Kaukasus machten, war Tante Ida ganz bei uns. Langes hatten einen Sohn, welcher als junger Mann starb und eine Tochter Leonie (Lolla), welche wir, d.h. mein Mann und ich, noch im Jahre 1951 in Nauheim besucht haben. Sie war verheiratet mit einem bekannten Rigaer Augenarzt, Dr.Dahlfeld. Lolla war musikalisch und spielte sehr schön Klavier. Als alle Deutschen Riga verließen, gingen auch Dahlfelds nach Deutschland und er hatte dort in Bad Nauheim noch 10 Jahre lang einen kleinen Posten als Arzt, so dass er noch eine Pension beziehen konnte. Lollas Eltern waren beide am Krebs gestorben. Die beiden alten Tanten hatten Lolla zu sich genommen. Als Dahlfelds Riga verließen, war Tante Therese gestorben. Tante Ida mussten sie in einem lettischen Heim zurücklassen. Tante Ida war ganz blind und sehr sklerotisch. Im Jahre 1937 haben wir, Papa und ich, sie besucht in dem Heim und das war ein trauriges Erlebnis, aber ein Verwandter von Dr. Dahlfeld, der später nach Amerika auswanderte, kümmerte sich sehr nett um Tante Ida.

Ich muss besonders den Sohn von meines Vaters Schwester Konstantie Elisabeth, geb. 1844, verheiratet mit dem Buchhändler Eupel in Arensburg, erwähnen. Dieser Max Eupel war unser liebster Vetter, denn er spielte so interessant mit uns. Er studierte, aber in den Ferien besuchte er uns immer. Dann waren wir Zirkuspferde, die er dressierte. Auch baute er uns einen ganzen Zoologischen Garten auf aus selbst geklebten Käfigen und bevölkerte ihn mit allen nur erdenklichen wilden Tieren und mit Vögeln inkl. Kondor und Pfeffervogel. Ihm verdanke ich meine ersten zoologischen Kenntnisse. Leider konnte Max sein Studium nicht beenden, denn er erkrankte an der Schwindsucht und starb. Meine Mutter, welche eine sehr gute, wenn auch nicht ausgebildete Krankenpflegerin war, nahm ihn zu uns in unser Heim, trotz der Ansteckungsgefahr, um ihn besser zu pflegen. Uns isolierte sie ganz und es passierte nichts. Aber leider waren ihre Bemühungen umsonst.

Ein Enkel von Onkel Karl war Gardeoffizier, ein hoher, schlanker, blonder Mann, welcher einmal Elly zu einem Ball der Moskauer Lieder-Tafel (Papa war Mitglied) begleitete. Er machte den Japanischen Krieg mit, soll im Fernen Osten eine Krankenschwester geheiratet haben. Seitdem wussten wir nicht von ihm.

Eltern und Töchter

Mein Vater war, wie gesagt, sehr jung, als er nach Moskau ging, um zu verdienen. Er erwarb sich dort viele Freunde, muss auch erfolgreich gearbeitet haben, denn er hatte einen guten Posten in der Teeabteilung der großen Firma Knoop.

Meine Mutter lernte er kennen bei der Französin M:lle Lebrun, welche ein Pensionat hatte, in dem die beiden Brüder meiner Mutter lebten. Beide waren unverheiratet. Onkel August Zwerner war ein kranker Mann, Onkel Konstantin Zwerner soll sich das Leben genommen haben – warum, weiß ich nicht.

Meine Mutter hatte in Petersburg die deutsche Annenschule besucht, aber schon mit 16 Jahren verließ sie die Schule, um zu verdienen, denn ihr Vater war gestorben und hatte Großmutter mittellos hinterlassen. Er hatte eine Zinngießerei und verdiente eigentlich gut, denn damals hatten alle Krankenhäuser, Waisenhäuser, also öffentliche Institutionen nur Zinngeschirr. Aber leider war er Alkoholiker. Als junger Handwerksbursche hatte er „gefochten", d.h. er wanderte zu Fuß durch Deutschland, kehrte ein bei Meistern in seinem Fach und lernte praktisch. So hatte er in Lübeck meine Großmutter kennengelernt, denn die Tiedemanns waren auch Zinngießer. Als Alexander Zwerner fertig war und in Petersburg arbeitete, reiste Margarete Tiedemann per Segler aus Lübeck nach Petersburg, um ihn zu heiraten. – Aber wie gesagt, der Alkohol wurde ihrem Mann wohl zum Verhängnis. Niemand weiß, wie und wann er gestorben ist. Meine Großmutter hat ihn in allen Krankenhäusern gesucht, denn damals wütete eine Choleraepidemie in Petersburg, aber sie hat ihn nicht gefunden. Meine Mutter erzählte uns, wie nett ihr Vater gewesen sei, wie er sonntags immer spazieren ging mit ihr und sie auf alles in der Natur aufmerksam machte. Großmutter muss es sehr schwer gehabt haben, denn Mama erzählte uns, sie hätte schon als Schulmädchen versucht, kleine Handarbeiten zu machen und zu verkaufen, um ihrer Mutter zu helfen. Als sie die Schule mit 16 Jahren beendet hatte, begann sie zu „konditionieren", d.h. in privaten Häusern Kinder zu betreuen. Ihre Brüder ließen sie dann nach Moskau kommen und dort kam sie in das Haus der sehr reichen französischen Familie Catoire de Biancourt, die einen Sohn hatten. Dieser Sohn wurde nun ihr Zögling und sie war in dem Hause bis zu ihrer Verheiratung. All unser Tischsilber stammt von den Catoires, denn Mama bekam es zur Hochzeit von ihnen.

Meine Großmutter war nach Dresden zu ihrer ältesten Schwester, Tante Marie Knoop (nicht die Moskauer Knoops) gezogen, welche auch in Petersburg gelebt hatte, aber verwitwet und kinderlos war. Sie hatte dann meine Großmutter und ihre unverheiratete Schwester Sofie bei sich in ihrem Dresdener Heim, wo wir sie im Jahre 1891, als ich 5 und Elly 9 Jahre alt war, besuchten – unsere Eltern und wir Kinder. Dort, unter einem Spiegel, lag auf einem perlenbestickten Kissen das „Rehchen", welches jetzt bei Fedja und Ulla lebt und welches ich heiß liebte.- Damals war ich der „Hirz-Firz", wie Papa mich nannte (manchmal nannte er mich auch „Sonnenstrahl"), sehr lebhaft, aber weder fleißig noch ordentlich, was dagegen in hohem Maße von Elly galt, welche von einer Cousine „meine sanfte Taube" genannt wurde.

Ich habe aber stark vorgegriffen und muss zurück nach Moskau. Papa hatte sich bei Knoop ein Vermögen erworben. Das legte er nun an in einer Fabrik in Riga – warum, kann ich nicht sagen. Er wollte wohl selbständig sein, vielleicht zog es ihn zurück ins Baltikum. Er kaufte eine Fabrik in der Nähe von Riga in Sassenhof. Es war eine Reisschälerei und Stärkefabrik und er muss viel Geld gesteckt haben in die Spezialmaschinen. Damals brauchten alle Wäschereien viel Stärke nicht nur für Herrenhemden, Kragen und Manschetten, sondern auch die Damenmode schrieb steife Unterröcke vor. Auch Tischtücher, Servietten, usw. wurden gestärkt.

Sassenhof war von Riga aus zu erreichen per Eisenbahn, per Dampfer über die Düna oder per Wagen über die Eisenbahnbrücke. Im Winter fuhren wir Kinder per Schlitten mit unserem Kutscher übers Eis in die Schule, im Sommer mit dem Dampfer (als wir unsere Stadtwohnung aufgegeben hatten). Wir besuchten die private deutsche Mädchenschule von Frl. Emma Reinsch. Sie und ihre Lehrerinnen hatten es damals gewiss nicht leicht, denn die Russifizierung war in vollem Gange. Elly kam bis zur 6.Klasse in jener Schule, ich bis zur 2., denn ich war 4 Jahre jünger, bevor wir nach Moskau zurückzogen.

Sowohl Elly als ich sind in Majorenhof am Rigaschen Strande geboren und zwar in der Villa von Langes (also Tante Alwine). Der Rigasche Strand war schön. Kilometer um Kilometer reiner weißer Sand, dahinter die Dünen mit ihren hohen Kiefern und dahinter der Kiefernwald, all die vielen Villenorte entlang. Wir sind später, als wir schon in Moskau lebten noch mehrmals im Sommer an den Strand zurückgekommen.

Es ging leider nicht gut mit der Fabrik. Sie hatte Papas Kapital geschluckt und er musste Schulden machen, um die Reislieferungen aus Persien laufend zu bezahlen. Um zu sparen, gaben wir unsere hübsche große Wohnung in der Stadt auf und wohnten das runde Jahr in Sassenhof. Dann gab er auch sein Kontor in der Stadt auf und verlegte es nach Sassenhof. Es gab dort einen abseits gelegenen geräumigen Kontorsraum mit Klingeltelefon. Überhaupt - Raum gab es genug in dem zweistöckigen Wohnhaus mit 7 großen Zimmern, Badezimmer mit heißem Wasser direkt aus dem Maschinenraum, mit Keller, Speicher, Vorratskammer und 2 großen Veranden. Papa brauchte für den Transport der Reissäcke Pferde. Diese waren aber auch notwendig für den Kontakt mit der Stadt, besonders im Winter. Mama schaffte aber auch eine Kuh und Hühner an. Zeitweilig gab es auch Kälber, Schweine, u.s.w. Dünger für den Garten gab es genug und Mama betrieb eine sehr erfolgreiche Obst-, Beeren -, Gemüse- und auch Blumenzucht. Bei dieser recht umfangreichen Tier- und Pflanzenzucht leistete ihr das Ehepaar des Fabrik- und Hofwarts Hilfe. Ich erinnere mich eines lettischen Ehepaares mit Namen Avott. Auch unsere beiden Kutscher waren Letten. Der eine saß bei Gelegenheit in Livrée mit blanken Knöpfen auf dem Bock der Equipage oder des Schlittens. Er hieß Martin und wir liebten ihn heiß und wollten ihn beide heiraten.

In einer Ecke des Grundstückes gab es noch ein Häuschen mit Gärtchen, in welchem Papas Stärkemeister mit seiner Frau lebte. Er hieß M. Schaub und stammte aus dem Elsass. Leider halfen weder die Sparmaßnahmen noch die übergroße Arbeit - die Schulden wuchsen Papa über den Kopf - die Reislieferungen mussten laufend bezahlt werden. Er musste die Fabrik verkaufen.

Zurück nach Moskau

Unser Vater beschloss, nach Moskau zurückzukehren, wo er viele Freunde und Verbindungen von früher hatte. Leider war er schon damals ein kranker Mann. Es war ein Rückenmarksleiden, das mit starken Nervenschmerzen verbunden war.

Unser Umzug nach Moskau vollzog sich im Jahre 1895, ein Jahr nach der Krönung von Nikolai II. Mama zog fürs erste mit uns zu einer Freundin, welche eine sehr große Familie und darum auch sehr große Wohnung hatte. Ihr Mann war Textiliengroßhändler. Mama beschäftigte sich eingehend mit unserer Einschulung und der Wohnungssuche. Das Resultat war die Wahl eines wirklich sehr guten Mädchenprivatgymmasiums und einer Wohnung, die nur wenige Häuser entfernt von dieser Schule lag. Die Privatschulen trugen immer den Namen ihrer Vorsteherinnen. Zu jener Zeit hieß die Schule Gymnasium Pussill, später wurde sie von einer Lehrerin, Frl. Felicie Mannsbach, übernommen. Die Schule war groß, hatte auch ein Internat und konnte sich ausgezeichnete Lehrer leisten. Wegen unserer ungenügenden Kenntnisse im Russischen kamen wir in niedrigere Klassen als in Riga, aber schon am Ende des ersten Jahres rückten wir ganz nach oben in unseren respektiven Klassen.

Ein paar Details über unsere Schule: Das Gebäude war früher das Wohnhaus des Fürsten Galitsin gewesen und dieser Fürst Galitsin mit seiner Fürstin waren immer zugegen bei allen offiziellen Schulereignissen. Die Fürstin verteilte eigenhändig alle Belohnungen und Auszeichnungen. Zu dieser Feier wurde wochenlang vorher der „Hofknix“ geübt und zwar war der Tanzlehrer, der ihn den Schülerinnen beibringen musste, Ballettmeister in der Großen Oper.

In den Adressen wurde damals nicht die Nummer des Hauses sondern der Name des Besitzers genannt und in dem Hause Bascheroff an der Pokroffka haben wir bis zum Tode meines Vaters im Jahre 1907 gewohnt. Er starb an einer eitrigen Nierenentzündung, zu Hause. Das Herz setzte aus, als die Temperatur 42 Grad erreicht hatte.

Unser Vater hatte zwar eine Teevertretung bekommen, und später bekam er noch eine Vertretung in Kaolin für die Brüder Adelheim in Kiev, wodurch er Konkurrent meines späteren Schwiegervaters wurde, aber ein Kontor hat er sich niemals mehr gemietet. Er arbeitete in seinem Kabinett an seinem Schreibtisch und manchmal mussten wir ihm die Briefe schreiben, wenn er zu starke Nervenschmerzen in den Händen hatte. Jeden Tag fuhr er aber in die City an die Börse.

Wir hätten die Schule nicht beendigen können, wenn wir nicht eine Erbschaft bekommen hätten. Großmama war schon gestorben, 83 Jahre alt, als wir noch in Riga in unserer Stadtwohnung lebten,Tante Marie Knoop folgte ihr bald. Sie hatte ihre unverheiratete Schwester Sofie zu ihrer Erbin gemacht. Die jüngste Schwester Rosine, Witwe des Malers Professors von Bothmann, war zwar auch aus Petersburg nach Dresden gezogen, aber sie lebte allein mit einer Gesellschafterin in einer eigenen großen Wohnung. Ihr Erbe war ihr Sohn Emil, der als Junggeselle in Berlin lebte als Rentner und jedes Jahr eine große Reise machte. Sein Vermögen hatte Onkel Bothmann ausschließlich durch Portraitmalen erworben. Damals gab es keine Photographie und die vermögenden Leute ließen sich malen. Der einzige Bruder meiner Großmutter, Georg Peter Tiedemann geb.1812, war Maler. Er wanderte aus Lübeck nach Petersburg aus und verdiente dort so gut, dass er seinen Schwager und Freund, Georg Bothmann, der auch Maler war, beredete, seinem Beispiel zu folgen. Das tat dieser und da er Spezialist im Portraitmalen war, hatte er einen so guten Erfolg, dass er zum Hofportraitmaler ernannt wurde und sein Atelier im Winterpalais hatte. Für ein besonders gut gelungenes Portrait des Kaisers Nikolai I. wurde er zum Akademiker befördert im Jahre 1853, außerdem steckte ihm der Kaiser einen Brillantring von seiner Hand an den Finger. Diesen Brillanten erbte Elly von Tante Rosine und konnte sich damals, als sie ihrer kranken Tochter wegen von Archangelsk nach Moskau umsiedelte, ein Zimmer kaufen für diesen Stein. Onkel Bothmann bekam auch den Titel eines Professors und wurde geadelt. Aber auch Onkel Tiedemann bekam im Jahre 1857 den Titel eines Akademikers, und zwar für seine Schlachtenmalerei.

Onkel Tiedemann hatte einen Sohn Georg geb. in Petersburg, der nach Samoa auswanderte und dort eine Samoanerin heiratete. Seine Schwester Helene, auch in Petersburg geboren, heiratete einen deutschen Major Horn und im Sommer 1936 besuchten wir – Fedja, Schura und ich sie in Dresden. Sie hat Mama und mich wiederholt in Moskau besucht vor dem ersten Weltkriege.

Tante Sofie vermachte ihr Vermögen uns, aber mit der Bedingung, dass es uns ausgezahlt würde, wenn Elly 50 Jahre alt wäre. Dies war so gemacht, damit Papa das Geld nicht in seine Geschäfte stecken könnte. Mama hatte die lebenslängliche Nutznießung der Zinsen. Nun, von diesem Gelde hat Mama nicht nur unsere letzten Schuljahre bezahlt, sondern auch die Wohnung. Auch für eine gute Klavierlehrerin hatte Mama gesorgt. Wir haben aber früh angefangen zu verdienen. Nicht nur im Winter, sondern auch im Sommer hatten wir Schülerinnen und Schüler. Elly hat in einer Familie Francke, deren drei Mädchen unsere Schule besuchten, jahrelang täglich ihnen geholfen in allen Fächern bis zum Schlussexamen. Frau Francke und ihre Schwestern waren Besitzerinnen einer Zellulose- und Papierfabrik in Okulovka auf der Strecke Petersburg – Moskau. Herr Francke, ein Amerikaner, war der Direktor der Fabrik.

In dieser Familie in Okulovka war ich 2 Sommer „Sommerlehrerin", während Elly also langjährige „Winterlehrerin" war. M:lle Louise Fatton, eine Schweizerin, die an unserer Schule unterrichtete, lebte bei Franckes und war eine Art Erzieherin ihrer Kinder – der drei Mädchen und ihres Bruders. Sie war ein sehr feiner und sympathischer Mensch und Elly hing mit schwärmerischer Liebe an M:lle Fatton, der wir übrigens viel zu verdanken haben, was die französische Sprache betrifft. Das Sommerleben in Okulovka war sehr angenehm: Man spielte Tennis, man fuhr auf die Jagd – Herr Francke war ein sehr guter Schütze und auch der kleine Robik hatte schon ein Gewehr und schoss. Mehre Engländer aus Moskau, welche übrigens bahnbrechend waren im russischen Sport, verkehrten bei Franckes. Aber als Leiter der Fabrik hatte Herr Francke viele Sorgen, denn die finnische Konkurrenz machte ihm viel zu schaffen und ich erinnere mich des Besuches des Hauptleiters der großen russischen Zeitung „Rossija" aus Petersburg um dessen Kundschaft Herr Francke sich eifrig bemühte.

Elly, die sehr fleißig und strebsam war, machte nach Beendigung der Schule zusammen mit ihrer Klassenkameradin und Freundin Christine Aue einen

Zuschneide- und Nähkursus durch, dann einen Kursus im Maschineschreiben und arbeitete einen Sommer im Moskauer Kontor der Papierfabrik Okulovka. Eine kurze Zeit war sie Deutschlehrerin an unserer Schule, ging dann aber über an das Mädchengymnasium von Fr. Prof. Chrostov, wo sie bis zu ihrer Verheiratung blieb. Sie war dort, wie überall, sehr beliebt bei Schülerinnen, Eltern, Kollegen, Vorgesetzten. Das war kein Wunder, denn sie war nicht nur sehr anziehend durch ihr Wesen und ihre Erscheinung, sondern sie war auch tüchtig und gründlich in allem, was sie tat. Sie hatte Begabung für Zeichnen und Malen, und es ist kein Zufall, dass ihre beiden Töchter auch begabt waren für diese Kunstart.

Sie hat sich nachher als sehr tüchtig erwiesen in ihrer Berufsarbeit im Sowjet-Holzexport, als ihre Ehe auseinanderging und sie ihre Kinder und sich selbst ausschließlich durch eigene Arbeit erhalten und erziehen musste unter sehr schweren Verhältnissen. Die Ehe war eigentlich zustande gekommen dadurch, dass ihre zukünftige Schwiegermutter, Frau Amalie Bittrich (geb. Barthels) es sich zum Ziel gesetzt hatte, Elly als Frau für ihren Sohn zu gewinnen, was ihr ja auch gelang. Sie war schon lange Witwe und hatte eine Korsettwerkstatt gegründet ganz im Zentrum der Stadt. Alle bekannten Schauspielerinnen und Sängerinnen gehörten zu ihrer Kundschaft, aber auch unsere Mutter gehörte dazu und mit der Zeit auch wir. Diese Frau Amalie Bittrich war eine Persönlichkeit, ein herzensguter, aber auch kluger und sehr tüchtiger Mensch. Wir nannten sie alle Babuschka. Sie hatte einen Sohn und 2 Töchter. Die eine starb früh, die andere, Anna Gentz, in allem ihrer Mutter ähnlich, hatte auch eine Tochter und einen Sohn. Der Zufall hat es so gefügt, dass dieser Sohn, Wolodia Gentz, später der beste Freund von Iljinski wurde, besonders Sportkamerad. Tania verkehrt bis jetzt hin und wieder mit seiner Tochter und seiner Grosstochter. Die Tochter sitzt jetzt in Ellys Rollstuhl. Der Sohn, Alexander Bittrich, war Forstmann und hatte erst in der Petersburger Forstakademie, dann in der Forsthochschule Tarant in Sachsen studiert. Er wurde dann sogenannter „gelehrter Taxater“ im staatlichen Forstwesen, mit einem ungeheuer grossen Arbeitsgebiet im Norden des europäischen Russlands, mit Wohnort zuerst in Wologda, dann in Archangelsk.Im Frühjahr, wenn noch Schnee lag, zog er mit seinen Gehilfen und Arbeitern in die Wälder, wo die ganzen Vorräte für die Sommerarbeit gelagert wurden und zwar so, dass sie geschützt waren gegen Bären und andere wilde Tiere. Im Sommer folgte die eigentliche Forschungsarbeit, botanisch, zoologisch, aber vor allem forstlich, d.h. Untersuchung des Baumbestandes und der Möglichkeiten seiner Ausnutzung. Bevor die Kinder kamen, hat Elly teilgenommen an diesen Expeditionen, hat unter anderem ein Herbarium zusammengestellt für die

Forstakademie. Alexander, oder Schura, wie wir ihn nannten, verfügte über ein gründliches Wissen und hat allerlei Fachliteratur hinterlassen. Auch war er musikalisch, hatte eine hübsche Stimme und beherrschte als Instrument das Waldhorn recht gut.

Als Elly heiratete, (1908), war ich 22 Jahre alt und arbeitet an unserer Schule unter Leitung von Frl. Mannsbach. Sie hat mich sehr unterstützt und gefördert. Als das Schulgebäude an einen anderen Besitzer überging, baute sie mit Hilfe der Eltern, welche das Unternehmen finanzierten, eine große moderne Schule mit Internat. In der Schule arbeitete ich täglich von 9 – 2 in der Vorschule, dann ging ich zu meinen Privatstunden und mehrmals in der Woche abends besuchte ich Kurse, erst Rechtslehre, Psychologie, Methodik des Rechenunterrichts, dann als ich anfing, mich für den Unterricht geistig behinderter Kinder zu interessieren, besuchte ich Spezialkurse, unter anderem rhythmischer Gymnastik. Es war mir nämlich ein stark behindertes Kind mit unterentwickelter Schilddrüse (sie nahm täglich ein Schilddrüsenpräparat) anvertraut worden und dieser Unterricht und gewisse Erfolge faszinierten mich so, dass ich an die Hilfsschule übergehen wollte, die gerade damals allmählich organisiert werden sollte in Moskau. Aber ich konnte mich nicht entschließen, meine Schule und Frl. Mannsbach zu verlassen und so kam das Jahr 1914 heran, mit dem ich ja meine weiteren Erinnerungen angefangen habe.

Vorfahren von Max Aue

Von der Vorgeschichte meines Mannes weiß ich, dass die Vorfahren seiner Mutter teils aus Deutschland, teils aus England nach Russland eingewandert waren. Die Vorfahren seiner Mutter väterlicherseits sind die Peltzers; Johannes Wilhelm Peltzer, geb. 1770 zu Stolberg bei Aachen, gestorben eben daselbst am 1.8.1849 als Rentner, vordem Kaufmann zu Schevenhütt bei Langerwehe. Zur Zeit der Franzosenherrschaft war er Maire von Weisweiler, kaufte das Kloster Wehnau im Schöntal zwischen Langerwehe und Schevenhütt in der Eifel, wurde Landwirt, wanderte mit den Seinen nach Maastricht aus, wurde holländischer Untertan. Er hatte 1793 eine Witwe Anna Esser, geb. 1768 in Schevenhütt, geheiratet. Die Kinder des Paares wurden teils in Weisweiler, teils im Kloster Wehnau geboren und wanderten alle nach Russland aus. Eine Tochter starb als Kind. Der älteste Sohn, Johann Sigismund geb.1795, Kaufmann in Moskau, starb dort unverheiratet.

Auch Robert Adolf, geb.1800, starb daselbst 1831 als Färbmeister unverheiratet. Aber die Söhne Napoleon, Friedrich und Johann Georg, sowie die Tochter Helene hatten viele Nachkommen.

Napoleon, geb.1802 wurde der Gründer der Tuchmanufaktur in Narva und starb daselbst 1889.

Helene, geb.1805, gestorben 1876, heiratete einen Verwandten, den Tuchfabrikanten Könemann, ihr Sohn wurde Musiker und Komponist.

Friedrich, geb. 1808, gest.1899 in Moskau, wurde auch Gründer einer Tuchfabrik in Moskau, heiratete Barbara Becker geb. 1812. Er hatte 12 Kinder: 7 Söhne und 5 Töchter, aber 3 Söhne starben als Kinder. Von den Töchtern heiratete eine, Isabella, geb.1836, Ernst Gadelli und wurde die Mutter von Anna Öhmann in Helsingfors und also die Großmutter von Bella Ebeling. Eine andere Tochter, Helene Barbara, geb. 1839, heiratete in zweiter Ehe Karl Lorenz und wurde die Mutter von Varia Pilatski in England und Helene Lorenz in Berlin, deren Sohn uns hier besucht hat mit seiner Frau.

Eine dritte Tochter, Marie Catharina, geb.1850, heiratete ihren Vetter Alexander Peltzer aus Narva (Sohn von Napoleon) und wurde die Mutter von Catharina - Katia Tschetverikova, später Bastin, dann Landtblom in Schweden, welche dann Großmutter von Anne-Marie Landtblom wurde. Maria Catharina Peltzer, Frau des Alexander Peltzer, war die „Schönste der Sippe".

Johann Georg Peltzer, geb. 1810 in Wehnau, gest.1897 in Moskau als Kaufmann und Tuchfabrikant, war der Großvater der 10 Geschwister Aue. Er heiratete 1837 Anna Pickersgill, deren Vater der Kaufmann John Pickersgill geb.1765 in Howgrave, County of York in England, nach Moskau eingewandert war, verheiratet mit Lucy, geb.Seyers. Anna Pickersgill-Peltzer war das zehnte und jüngste Kind.

Georg und Anna Peltzer hatten 7 Kinder, von denen Großmama Emma Aue, geb.1845 das vierte war. Robert (no.3) war der Vater von Friedrich-Bruno Peltzer, verheiratet mit seiner Cousine Lenchen Peltzer. Bruno und Lenchen hatten einen Sohn, der ganz am Anfang des Krieges fiel und die Tochter Sascha, jetzt Zakrevsky, die in Salisbury lebt. Roberts Bruder Georg bekam als Kind die Kinderlähmung, heiratete aber und hatte eine Tochter, welche viele Kinder hatte. Er hat die Fabrik seines Vaters weitergeführt. Tante Anna in England war die Jüngste. Sie hat sich später große Mühe gegeben, ihren lahmen Bruder Georg, der schon Witwer war, aus Sowjetrussland nach England umzusiedeln, aber er bekam die Erlaubnis nicht.

Von Großpapa Wilhelm Aue weiß ich leider sehr wenig, nur dass er das siebente Kind von Josef Aue und dessen Ehefrau Christine geb. Petzold in

Schlesien war. Alle Aues waren aus der Weber resp. Tuchbranche. Auch Großpapa Wilhelm Aue war ja Spezialist in Tuch und war später erst in Pernau in Estland und dann in Savidovo bei Moskau Besitzer von Tuchfabriken. Darum war es für die ganze Familie eine Überraschung, oder sagen wir ein Schlag, als er mit über 60 Jahren ganz umsattelte und im Süden Russlands anfing mitten in der kahlen Steppe Kaolingruben auszubeuten (durch die Bauern, welche die Besitzer waren) und allmählich eine Produktion von feuerfesten Ziegeln startete. Für diese Produktion mussten Spezialöfen gebaut werden und es wurde eine ganze Fabrik. Natürlich musste gleich auch ein Wohnhaus gebaut werden, das zuerst recht primitiv war. Auch ein Garten wurde angelegt und Bäume gepflanzt, hauptsächlich zum Schutz gegen den ewigen Wind in der Steppe. Es waren Akazien, die schnell wachsen, und Kirschbäume.- Für die Familie war der Aufenthalt in „Prosnajana" (bedeutet ungefähr Hirsenheim von „proso"= Hirse) keine reine Freude. Großmama Aue und die älteren Töchter Emma und Sofie mussten abwechselnd dort leben und für den Papa sorgen.

Willy arbeitete bei Siemens, Rudy und Georg studierten, Bertha arbeitete in einer Maschinenfabrik und heiratete, Max, Christine, Felix und Meta waren noch in der Schule. Dann haben alle Brüder der Reihe nach ein Jahr in Prosjnajana abgedient. Der arme Felix blieb dann dort stecken, obgleich er eine ausgesprochene Begabung für den medizinischen Beruf und auch für Musik hatte. Aber die Nachfrage nach feuerfesten Ziegeln wuchs und mit ihr die Produktion. Als Vater Aue 1914 starb, musste Felix als Leiter bleiben.- In den Krieg 1914 ging Felix als freiwilliger Sanitäter. An der Front heiratete er eine Krankenschwester, die damals an der Front als Operationsschwester arbeitete. Sie haben während des Bürgerkrieges viel geholfen, aber ihr Kind an einer Scharlachepidemie verloren. Unter der Sowjetregierung wurde natürlich später der ganze Betrieb in Prosjanaja enteignet und Felix musste als Sowjetbeamter bleiben, was ihm wenig Freude und Genugtuung gebracht hat.

Alle Mitglieder der Familie Aue, denen es nicht vergönnt war, das Land zu verlassen, sind von einem sehr schweren Schicksal ereilt worden. Nur Willy hat zu Hause sterben dürfen, allerdings an einer so schweren Krankheit wie Krebs. Von den Kindern der Aueschen Geschwister in Moskau sind Willys Töchter, Rudis Tochter und Felix' Sohn und Tochter am Leben, während Rudis 2 Söhne und Herthas Sohn längst nicht mehr unter den Lebenden weilen. Aber dank der liebevollen Sorge und der energischen Initiative von unserer lieben Christine, haben die geliebte Mutter der 10 Geschwister, sowie 4 Schwestern eine Zuflucht und ein Heim in Schweden gefunden, in dem sie viele Jahre ein friedliches und auch inhaltsreiches Leben verbringen durften, so wie wir in Finnland dank der Initiative und Sorge unseres Vaters. Die Schweizer haben ihren Heimatwechsel dem Tode ihres Vaters, ihre ganzen Entwicklungsjahre aber den selbstlosen Bemühungen ihrer Mutter und der Hilfe ihrer Verwandten zu verdanken.

Margarethe Aue

1978

Reinschrift von Fr. Ulla Aue

August 1978

Margarethe Aue in ihrem Garten 1963/64

97. Geburtstag
von Margarethe Aue

60. Geburtstag
von Theodor Aue

Sarg von Margarethe Aue
in der Deutschen Kirche in Helsinki